REVISÃO DA SENTENÇA EM AÇÃO CIVIL PÚBLICA POR ALTERAÇÃO DO ESTADO DE FATO

Conselho Editorial
André Luís Callegari
Carlos Alberto Alvaro de Oliveira
Carlos Alberto Molinaro
Daniel Francisco Mitidiero
Darci Guimarães Ribeiro
Elaine Harzheim Macedo
Eugênio Facchini Neto
Draiton Gonzaga de Souza
Giovani Agostini Saavedra
Ingo Wolfgang Sarlet
Jose Luis Bolzan de Morais
José Maria Rosa Tesheiner
Leandro Paulsen
Lenio Luiz Streck
Paulo Antônio Caliendo Velloso da Silveira

M435r Matte, Mauricio.
Revisão da sentença em ação civil pública por alteração do estado de fato / Mauricio Matte. – Porto Alegre: Livraria do Advogado Editora, 2013.
109 p.; 23 cm. – (Temas de Direito Processual Civil; 6)
Inclui bibliografia.
ISBN 978-85-7348-871-5

1. Interesses difusos. 2. Ação civil pública. 3. Sentenças (Processo civil). 4. Coisa julgada. I. Título. II. Série.

CDU 347.922
347.95
CDD 347.053

Índice para catálogo sistemático:
1. Ações civis   347.922
2. Decisões judicial: Sentença 347.95

(Bibliotecária responsável: Sabrina Leal Araujo – CRB 10/1507)

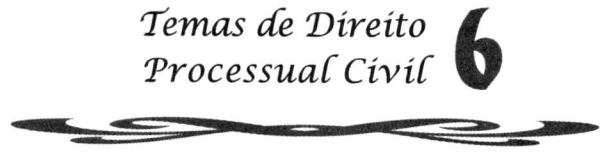

Temas de Direito Processual Civil **6**

Mauricio Matte

REVISÃO DA SENTENÇA EM AÇÃO CIVIL PÚBLICA POR ALTERAÇÃO DO ESTADO DE FATO

Porto Alegre, 2013

Coleção
Temas de Direito Processual Civil

Coordenadores
Daniel Mitidiero
José Maria Rosa Tesheiner
Sérgio Gilberto Porto
Elaine Harzheim Macedo

© Mauricio Matte, 2013

Projeto gráfico e diagramação
Livraria do Advogado Editora

Revisão
Rosane Marques Borba

Direitos desta edição reservados por
Livraria do Advogado Editora Ltda.
Rua Riachuelo, 1300
90010-273 Porto Alegre RS
Fone/fax: 0800-51-7522
editora@livrariadoadvogado.com.br
www.doadvogado.com.br

Impresso no Brasil / Printed in Brazil

Dedico esta obra ao Prof. Dr. José Maria Rosa Tesheiner. Somente por intermédio de tão eminente jurista, de proativas propostas, filantrópica alma e invulgar grandeza, é que este trabalho pôde ser concebido.

Ao meu irmão, Luciano Matte (*in memoriam*).

Agradeço ao meu pai, Luiz Carlos Matte, e minha mãe, Senita Matte, sem o amor e apoio incondicional de vocês eu nada seria. À Anna Luiza Matte, filha amada e pacienciosa; que minha busca por aperfeiçoamento lhe sirva de exemplo para a vida. À minha companheira, Fernanda Siefert, que é prova de que o amor pode superar obstáculos. Às tias Ana Silvia Matte e Dóris Rüdlinger, pelo carinho, estímulo, confiança e auxílio. Ao Prof. Sérgio Gilberto Porto, pelo convite à reflexão, por manter esperança na academia, por acreditar que há discentes que podem fazer a diferença. Ao Prof. Gilberto Stürmer, por mostrar que o conhecimento é construído com os alunos, e não meramente transmitido. Ao Prof. Ingo W. Sarlet, pela oportunidade de ter contato com juristas internacionalmente conhecidos. À Profª. Elaine H. Macedo, pelas sempre pertinentes colocações. À Profª. Denise Fincato, por acreditar em minhas habilidades. Ao Prof. Daniel Mitidiero, por lembrar que um grande jurista também deve cuidar das minúcias. Ao Prof. Maurício Reis, por aceitar compor a banca de mestrado na qual defendi a proposta deste trabalho, agregando infindável valor à pesquisa por intermédio de suas contribuições. Aos colegas Frederico Nascimento, Marco Jobim, Igor Raatz, Frederico Freitas, Larissa Prado e Daniele Viafore, pelo companheirismo e troca de ideias. À colega Fernanda Macedo, pelo comprometimento com nossos eventos. À Me. Marília Prates, pelos conteúdos sobre coisa julgada e amizade. Aos amigos e colegas Rodrigo Carvalho, Gabriela Parisotto, Ana Paula Ferreira, Fernanda Freitas, Caroline Franceschi, Rosimar Alberti e Laura Carvalho, pela paciência e suporte no escritório; a ajuda de vocês foi fundamental! Aos novos amigos Caren Klinger e Victor Rodrigues, da secretaria do Programa de Pós-Graduação em Direito da PUCRS, pelo auxílio diuturno e incansável. Ao colega Giuliano Tamagno, pelo debate acadêmico.

"Sendo o processo um produto do homem, há de receber a marca trágica da antinomia que a este caracteriza. Somos seres simultaneamente individuais e sociais".

(Galeno Lacerda, *Teoria*..., 2006, p. 4)

Lista de abreviaturas e siglas

ADIN	Ação Direita de Inconstitucionalidade
Art.	Artigo
C/C	Combinado com
CCB/2002	Código Civil Brasileiro, Lei 10.406 de 2002
CDC	Código de Defesa do Consumidor
CF	Constituição Federal de 1988
CPC	Código de Processo Civil
ed.	Edição
Inc.	Inciso
L.	Lei
LACP	Lei da Ação Civil Pública
p.	Página
T.	Tomo
V.	Volume
v.g.	*Verbi Gratia*

Sumário

Lista de abreviaturas e siglas..9
Apresentação – *José Maria Rosa Tesheiner*..15
1. Introdução..17
2. Sentença e suas eficácias..21
    2.1. Conceito de sentença..22
    2.2. Eficácias das sentenças...26
        2.2.1. Eficácia declaratória..28
        2.2.2. Eficácia constitutiva..31
        2.2.3. Eficácia condenatória..33
        2.2.4. Eficácia executiva..36
        2.2.5. Eficácia mandamental...37
    2.3. Eficácia direta, eficácia reflexa e efeitos anexos da sentença......38
3. Coisa julgada...43
    3.1. No plano político: como garantia constitucional.........................47
    3.2. No plano infraconstitucional da jurisdição singular....................50
    3.3. Elementos da coisa julgada..50
        3.3.1. Coisa julgada em seus aspectos formal e material.............50
        3.3.2. Autoridade e eficácia...52
        3.3.3. Limites objetivos e subjetivos...52
        3.3.4. Limites temporais..55
        3.3.5. A função positiva e a negativa..57
    3.4. Ação rescisória..59
    3.5. Revisão da sentença..61
        3.5.1. Fato natural, fato jurídico, ato-fato, ato jurídico, negócio jurídico, estado de fato e relações jurídicas........................62
        3.5.2. A cláusula "rebus sic stantibus"..68
        3.5.3. Relações jurídicas continuativas e a possibilidade de revisão das sentenças por alteração do estado de fato.............70
4. Relações jurídicas continuativas relativas a interesses e direitos difusos e coletivos *stricto sensu*: revisão da sentença proferida em ação civil pública............77
    4.1. Ação civil pública...78

       4.1.1. Objeto 79
       4.1.2. Legitimidade 84
       4.1.3. Coisa julgada na tutela de interesses e direitos difusos e coletivos "stricto sensu": plano constitucional e infraconstitucional 88
   4.2. Relações jurídicas relativas a interesses e direitos difusos e coletivos "stricto sensu" 93
   4.3. A possibilidade de revisão da sentença proferida em ação civil pública 96

5. Conclusão 103

Referências 105

Apresentação

Para admitir-se a intervenção do Poder Judiciário em prol de interesses difusos, estendeu-se o conceito de direito subjetivo, inserindo-se nessa categoria os chamados direitos difusos. Passou-se, quase como consequência lógica, a aplicar-se, na tutela de interesses difusos, princípios e regras construídos para a tutela de direitos individuais, inclusive a ideia de coisa julgada e, pois, de imutabilidade do *decisum*, com resultados nem sempre adequados.

Nas relações individuais, a imutabilidade do julgado é exigida pela segurança jurídica e não causa dano social, exatamente porque restrita às partes. O mesmo já não ocorre no âmbito dos interesses difusos. A sentença proferida em ação civil pública produz efeitos *erga omnes*, inclusive no caso de improcedência, salvo a hipótese de insuficiência de provas. *Quid juris* se, por hipótese, vem-se a descobrir, depois de sentença soberanamente passada em julgado, que o produto considerado inócuo, à data de sua prolação, é na verdade nocivo ao meio ambiente? Terão as gerações futuras que se submeter à coisa julgada, cujo desacerto somente se revelou muito depois, em decorrência de novas descobertas científicas?

Que a resposta é não apresenta-se quase como uma verdade evidente. A dificuldade está no fundamento jurídico que se possa invocar para afastar a coisa julgada, sobretudo para nós, juristas do *Civil Law*, tantas vezes presos a uma rede de conceitos e de preconceitos jurídicos.

Várias soluções podem ser imaginadas, entre as quais a da negação da própria existência de coisa julgada, a de sua desconsideração e, por fim, a apresentada, nesta obra, por Mauricio Matte: a de tratar-se a hipótese como de revisão da sentença, por alteração do estado de fato, ainda que se trate, mais propriamente, de alteração do conhecimento sobre os fatos da causa.

Nenhuma dessas soluções é isenta de dificuldades teóricas. A escolhida pelo autor, e brilhantemente sustentada, é a que mais respeita o Direito posto, o que não é pouca virtude, em tempos em que não raro se nega a incidência da lei por simples vontade própria.

Por bons motivos, a dissertação de Mestrado que deu origem à presente obra foi aprovada com louvor.

Prof. Dr. José Maria Rosa Tesheiner

1. Introdução

A transição do Estado Liberal para o Social marcou o surgimento dos interesses metaindividuais, aqueles situados entre os direitos individuais e os direitos públicos, fazendo com que o paradigma processual de cunho individualista, até então existente, fosse gradativamente afastado; medrando a criação de demandas próprias, para tutela diferenciada, como a ação popular, a ação civil pública e outros instrumentos.

No percurso desse caminho, de intenso progresso econômico, crescimento populacional – entre a revolução industrial, a criação de blocos econômicos e a interligação da população mundial pela Internet – cada vez mais distante ficou aquela marca do individualismo.

Na atualidade, a *planificação do mundo*,[1] como expressão da convergência social, mudou a forma de interação humana, preteriu abruptamente sistemas culturais e legais; afastou limitações físicas. Salientou como nunca a ideia de que *a atividade do indivíduo está de maneira crescente condicionada pelas atividades dos seus semelhantes.*[2]

Aos operadores do direito, que trabalham com o reflexo social, tais mudanças do paradigma individualista vêm revelando a dura realidade de que o sistema jurídico, vinculado às formas tradicionais que o consagraram, tem dificuldades de se alinhar à atual sistemática.

O que outrora era reflexo social concomitante e duradouro, hoje lhe enxerga quase distante, em evidente descompasso, protestando a penúria impressa em seus sujeitos.

Em decorrência, o direito processual contunde o sentir de que o processo contemporâneo, ainda com predominância de suas bases individualistas, não se mostra apto a servir como instrumento de cidadania, de amparo a uma tutela jurisdicional efetiva dos interesses e direitos difusos *lato sensu*, compreendendo, assim, os coletivos *stricto sensu;* a garantir uma proteção judicial efetiva,[3] ainda

---

[1] FRIEDMAN, Thomas L. *O mundo é plano: uma breve história do século XXI*. Rio de Janeiro: Objetiva, 2005.
[2] LIEBMAN, Enrico Tullio. *Eficácia e autoridade da sentença*. Rio de Janeiro: Forense, 1945, p. 9.
[3] "A ordem constitucional brasileira assegura, de forma expressa, desde a Constituição de 1946 (art. 141, § 4º), que a lei não excluirá da apreciação do Poder Judiciário lesão ou ameaça a direito (CF/88, art. 5º, XXXV). [...] A Constituição não exige que essa lesão ou ameaça seja proveniente do Poder Público, o que

que tenha recebido nuanças renovatórias, formulações de otimização ao longo dos últimos tempos.

Conquanto tenham sido adotados conceitos jurídicos indeterminados, cláusulas gerais e princípios jurídicos, para permitir a evolução do direito no século XX, como lembra Sérgio Gilberto Porto,[4] parece que irregularmente se movimenta o Poder Judiciário para tentar compor iniciativas de realização que consigam entregar *celeridade-efetividade* e *celeridade-segurança* (ou conforme corrente doutrinária, entregar uma tutela *tempestiva*).[5] E, embora o direito processual seja "manifestação da cultura, evidentemente não pode sobrar infenso à influência das características que a sociedade imprime ao Estado",[6] conforme preconiza Daniel Mitidiero.

Na medida em que a prestação jurisdicional é submetida a renovados desafios para atender a tutela de interesses e direitos fundamentais, ditos de terceira dimensão, que carregam consigo a ideia referida de difusionismo, o arcabouço de "Tício x Caio"[7] distancia-se mais e mais, abrindo espaço às preocupações, dentre outros interesses difusos e coletivos, com a defesa ao meio ambiente, à cultura, à história, à educação e à dignidade.

Aliás, tal se diz em face da reminiscência como pano de fundo de um sistema processual individualista à exegese do operador assim treinado desde o Estado Liberal, que passa por dificuldades para alcançar a complexidade e especificidade que despontou pelo surgimento do Estado Social (*welfare state*), à realidade difusionista da sociedade e à ordem constitucional, de interesses e direitos coletivos *stricto sensu* e difusos (metaindividuais), situados entre os direitos individuais e direitos públicos *primários*,[8] estando, portanto, as ações coleti-

---

permite concluir que estão abrangidas tanto as decorrentes de ação ou omissão de organizações públicas como aquelas originadas de conflitos privados. Ressalta-se que não se afirma a proteção judicial efetiva apenas em face de lesão efetiva, mas também qualquer lesão potencial ou ameaça a direito. Assim, a proteção judicial efetiva abrange também as medidas cautelares ou antecipatórias destinadas à proteção do direito". MENDES, Gilmar Ferreira; BRANCO, Paulo Gustavo Gonet. *Curso de Direito Constitucional*. 6. ed. São Paulo: Saraiva, 2011, p. 438-439.

[4] PORTO, Sérgio Gilberto; USTÁRROZ, Daniel. *Lições de direito fundamentais no processo civil: o conteúdo processual da Constituição Federal*. Porto Alegre: Livraria do Advogado, 2009, p. 20.

[5] Quando o tempo do processo extrapola os limites da razão e do bom-senso, aumentando sobremaneira o dano marginal do processo e inviabilizando poder afirmar-se que há tutela efetiva por parte do Estado, já que intempestiva. JOBIM, Marco Félix. A responsabilidade civil do Estado em decorrência da intempestividade processual. In: TELLINI, Denise Estrella; JOBIM, Geral Cordeiro; JOBIM, Marco Félix (Coord.). *Tempestividade e efetividade processual: novos rumos do processo civil brasileiro*. Caxias do Sul: Plenum, 2010, p. 567. Ver também JOBIM, Marco Félix..*Direito à duração razoável do processo*: responsabilidade civil do Estado em decorrência da intempestividade processual. São Paulo: Conceito, 2011.

[6] MITIDIERO, Daniel. *Colaboração no processo civil*: pressupostos sociais, lógicos e éticos. São Paulo: RT, 2009, p.48.

[7] A expressão "arcabouço de Tício x Caio", propositalmente utilizada, serve para marcar a afirmação em torno de uma época individualista (não sendo uma crítica direta à época da manualística) que cede espaço para a atual, difusionista.

[8] Superada a discussão sobre interesse público e interesse privado pelo reconhecimento da existência de um direito que não toca ao Estado, pois não se enquadra na forma *primária*, tampouco na *secundária*, subdivisão

vas *lato sensu*, e aqui especificamente a ação civil pública, como alvo necessário do debate para alicerçar a gradativa evolução.

A experiência brasileira no campo das ações coletivas, que praticamente[9] nasceu por meio da Lei da Ação Popular e da Ação Civil Pública, medrou e sistematizou-se pelo Código de Defesa do Consumidor, com as ações coletivas de consumo, estando positivada na Constituição Federal de 1988, é considerada *pioneira para os países da Civil Law*,[10] ou uma sistemática de tutela coletiva das *mais avançadas do mundo na atualidade*,[11] ainda que se revele jovem, permanecendo carente de aperfeiçoamento e estudo legislativo, doutrinário e jurisprudencial.

Nesse modelo processual, destaque para o instituto da coisa julgada, pois sua formação e alcance, também objeto de estudo do presente trabalho, ao contrário do que ocorre na sistemática processual individualista, possui uma extensão de eficácia e produção diferenciada, que decorrem do direito coletivo em litígio, como tendência que já ocupava os estudos doutrinários,[12] fazendo coisa julgada *erga omnes* ou *ultra partes;* fugindo a "regra da natureza individual heterogênea onde apenas as partes serão atingidas pela autoridade da coisa julgada e, por exceção, o cessionário, o sucessor e o substituído processualmente".[13]

Tais discussões e alterações que o microssistema processual coletivo faz infiltrar na sistemática individualista requerem compasso com os *fundamentos políticos*[14] constitucionais, apontando o necessário estudo, haja vista eventuais conflitos entre as garantias constitucionais (ainda que atualmente venha se resolvendo pelo critério da ponderação; o que pode nem sempre ser solução

---

feita por Renato Alessi, muito menos diz respeito a indivíduos particulares. Essa nova categoria de direitos pertence à própria sociedade, de forma ampla ou fragmentada, assim denominada *direitos coletivos*. A espécie *primária* diz respeito aos interesses da coletividade, ao passo que a espécie *secundária* trata dos interesses da pessoa jurídica do Estado. Não se confunde, portanto, a ideia de bem (estar) comum, objetivo do Estado por meio da realização de políticas públicas, com o Estado, pessoa jurídica, que possui interesses próprios, individuais. (MATTE, Mauricio. *Ação Civil Pública: instrumento para a tutela de interesses e direitos difusos e coletivos stricto sensu*. In: TESHEINER, José Maria (org.). *Processos Coletivos*. Porto Alegre: HS Editora, 2012).

[9] Pois iniciativas anteriores já previam a possibilidade de entidade de classe postular interesses coletivos (Lei 4.215/63). Outras iniciativas legislativas nesse norte integram esse microssistema como, por exemplo, as ações civis públicas pelo Ministério Público em questões ambientais (Lei 6.938/81). A Lei dos Direitos Autorais é exemplo também (Lei 5.988/73), assim como a para defesa de pessoas portadoras de necessidades especiais (Lei 7.835/89); para reparação de danos aos investidores no mercado de valores mobiliários (Lei 7.913/89); Estatuto da Criança e do Adolescente (Lei 8.069/90), mandado de segurança coletivo (Lei 8.437/92), dentre outras.

[10] GRINOVER, Ada Pellegrini. *Os processos coletivos nos países de civil law e common law:* uma análise de direito comparado. São Paulo: RT, 2008, p. 7.

[11] BISCAIA, Antônio Carlos (relator). *Proposição da Comissão de Constituição e Justiça e de Cidadania ao Projeto de Lei n. 5.139 de 2009*.

[12] PORTO, Sérgio Gilberto. *Coisa julgada civil:* análise, crítica e atualização. 2. ed. Rio de Janeiro: Aide, 1998, p. 67.

[13] PORTO, Sérgio Gilberto. *Coisa Julgada Civil*. 3. ed. São Paulo: RT, 2006, p. 75.

[14] MANCUSO, Rodolfo de Camargo. *Jurisdição coletiva e coisa julgada*. São Paulo: RT, 2007, p. 117.

adequada face à existência de pressupostos do intérprete)[15] e das leis infraconstitucionais entre si e em relação à Constituição Federal, à busca do modelo legislativo adequado ao modelo social atual, sem afastar a necessária segurança jurídica, que é instrumento contra a perpetuidade das controvérsias, ainda que dentro desses novos pilares.

Diante dessa ideia, não há que se desprezar, por certo, o arcabouço existente, mas realizar as devidas alterações e reflexões, adaptar o direito a esse estágio; ainda que seja sob um novo olhar, uma nova interpretação dos institutos e relações jurídicas, cujo núcleo natural é coletivo.

Assim, a pretensão deste trabalho é a de apresentar solução de bases difusionistas. A partir de uma exposição dos elementos pertinentes a formação dos direitos, ou seja, do regramento que o homem criou para colocar ordem em sua convivência, desde o nível fático, alinhando os institutos necessários ao estudo, para demonstrar, por meio de renovada reflexão, que as relações jurídicas relativas a interesses e direitos difusos e coletivos *stricto sensu* são de trato continuado.

Por tais razões, as sentenças proferidas em ações civis públicas, ainda que acobertadas pela imutabilidade e indiscutibilidade da coisa julgada podem ser revisadas sem ofensa à coisa julgada, por expressa previsão legal.

---

[15] Nesse sentido, lembra Maurício Martins Reis que "[...] há um confronto ideológico entre o operador e a moldura que abriga o sistema jurídico do qual aquele faz parte, a despeito do manancial intermediário de abstrações e logicismos no interior dos quais se esforça travestir o processo num repositório de prescrições subsuntivas. Decorre daí, portanto, a assertiva de que não existe o pensamento livre de pressupostos, sendo qualquer de suas manifestações, no âmbito do direito, carregada ideologicamente". REIS, Maurício Martins. *A interpretação conforme à Constituição como garantia inerente ao princípio da inafastabilidade jurisdicional.* Jus Navigandi, Teresina, ano 8, n. 160, 13 dez. 2003. Disponível em: <http://jus.com.br/revista/texto/4533>. Acesso em: 15 dez. 2011.

2. Sentença e suas eficácias

Para parte da doutrina, o conteúdo das demandas possui estreito relacionamento com as cargas de eficácias das sentenças de procedência.[16] As ações não são definidas pelo nome, mas pelo conteúdo, a partir do seu núcleo, que aponta seu propósito e a sua potencialidade. Daí dizer que das cargas de eficácia das sentenças é possível vislumbrar a potencialidade do conteúdo da sentença e deduzir o pedido necessário.[17]

Diante dessa evidência, para viabilizar o estudo, é adotada a divisão quinária criada por Pontes de Miranda e aceita por parte da doutrina, que admite a existência de cinco demandas de conteúdos e propósitos diversos: declaratórios, constitutivos, condenatórios, executórios e mandamentais.[18] Outra parte da doutrina ainda permanece ligada às lições concebidas por Adolf Wach, nos idos de 1885, que classifica as sentenças em três categorias: declaratórias, condenatórias e constitutivas.[19] [20]

A classificação não é pacífica, tampouco há alguma que seja perpétua, como advertem Luiz Guilherme Marinoni e Sérgio Cruz Arenhart em relação à transitoriedade das classificações de sentenças, afirmando que, por isso, é "equivocado imaginar que uma classificação possa se eternizar, como se as

---

[16] Explica Pontes de Miranda que os "pesos de eficácias não são, como sempre se supôs, peculiares às ações e às sentenças". Para ele, a origem das cargas de eficácia está nas cinco espécies de efeitos dos fatos jurídicos, que são: o declaratório, o constitutivo, o condenatório, o mandamental e o executivo. (MIRANDA, Pontes de. *Tratado das ações*, § 1, T. 1, São Paulo: Bookseller, 1998, p. 25.)

[17] PORTO, Sérgio Gilberto. Ação revisional de alimentos: conteúdo e eficácia das sentenças. In: WELTER, Belmiro Pedro; MADALENO, Rolf Hanssen. (coord.). *Direitos fundamentais do direito de família*. Porto Alegre: Livraria do Advogado, 2004, p. 403-407.

[18] PORTO, Sérgio Gilberto. Ação revisional de alimentos: conteúdo e eficácia das sentenças. In: WELTER, Belmiro Pedro; MADALENO, Rolf Hanssen. (coord.). *Direitos fundamentais do direito de família*. Porto Alegre: Livraria do Advogado, 2004, p. 403-407.

[19] PORTO, Sérgio Gilberto. *Doutrina e prática dos alimentos*. 3. ed. São Paulo: RT, 2003, p. 105.

[20] Não é pacífica na doutrina a adoção da teoria criada por Pontes de Miranda. Afirma Humberto Theodoro Júnior, por exemplo, que essas "... particularidades, a meu ver, não são suficientes para criar sentenças essencialmente diversas, no plano processual, das três categorias clássicas. Tanto as que se dizem executivas como as mandamentais realizam a essência das condenatórias, isto é, declaram a situação jurídica dos litigantes e ordenam uma prestação de uma parte em favor da outra. A forma de realizar processualmente essa prestação, isto é, de executá-la, é que diverge. A diferença reside, pois, na execução e respectivo procedimento. Sendo assim, não há razão para atribuir uma natureza diferente a tais sentenças". (THEODORO JÚNIOR, Humberto. *Curso de direito processual civil*. 41. ed. Rio de Janeiro: Forense, 2004, V.I, p. 476).

classificações devessem obrigar os juristas a ajeitar as novas realidades aos antigos conceitos".[21] Por decorrência lógica, embora no presente trabalho seja adotada a divisão quinária de Pontes de Miranda, os conceitos atribuídos para cada eficácia podem não ser os que a doutrina adota majoritariamente.

Dessa rápida construção, que denota apenas uma alteração de ângulo na análise do conteúdo existente entre as espécies da "ação", em seu início, e à classificação das sentenças de procedência,[22] em seu término, para o desenvolvimento do tema proposto, "indiferente se mostra classificar ações ou sentenças, face ao princípio da congruência (ou da adstrição do juiz à ação da parte)".[23]

Não é propósito aqui o aprofundamento do estudo daquelas espécies, das teorias das ações, mas tão somente a abordagem suficiente para a construção dos substratos à boa compreensão das últimas, eficácias da sentença, quando pertinente.

Buscar-se-á, portanto, tratar diretamente da análise das sentenças[24] e suas eficácias, questões relacionadas com a forma como elas (seus efeitos) se produzem relativamente às partes e aos terceiros estranhos ao processo, informação relevante à coisa julgada, um dos pontos centrais do estudo.

2.1. Conceito de sentença

No sistema processual brasileiro, *sentença* (art. 162, § 1º, do CPC) é ato do juiz que implica uma das situações previstas no art. 267 ou no art. 269 do CPC, diferenciando-a, o legislador, das decisões interlocutórias e dos despachos.

A sentença poderá ser de *extinção do processo sem resolução de mérito* (art. 267 do CPC) ou de *resolução de mérito* (art. 269 do CPC); assim positivado face à alteração conferida pela Lei 11.232/2005. Com a nova redação, ao contrário da sistemática pretérita, a sentença de mérito pode não conduzir à extinção do processo (casos do art. 269), permitindo que a execução seja feita em fase posterior,[25] denomina-

---

[21] MARINONI, Luiz Guilherme; ARENHART, Sérgio Cruz. *Manual do processo de conhecimento*. 5. ed. São Paulo: RT, 2006, p. 417.

[22] "Os elementos e indicadores que nos permitem proceder a este tipo de classificação das sentenças, são os mesmos de que nos valemos para classificar as ações de direito material. Nem poderia ser diferente, tendo em vista a natureza da atividade jurisdicional e a correspondência necessária – pressuposta em todo o sistema de processo civil de tipo dispositivo como o nosso – entre pedido e sentença, a exigir que a sentença de procedência corresponda à pretensão formulada pelo autor e seja de idêntica natureza." (SILVA, Ovídio A. Baptista. *Curso de processo civil*. Porto Alegre: Fabris, 1987, V. 1, p. 340).

[23] ASSIS, Araken de. *Cumulação de ações*. 4. ed. São Paulo: RT, 2002, p. 86-87.

[24] Exclui-se, assim, análise de decisões interlocutórias (aquelas que resolvem questões incidentes no curso do processo) e despachos (os demais atos do juiz praticados no processo, de ofício ou a requerimento da parte, a cujo respeito a lei não estabelece outra forma).

[25] "A reforma operada pela Lei nº 11.232 apenas preservou a execução de sentença sob a forma de ação nova, posterior à condenação, nos casos de condenação da Fazenda Pública por obrigação de dinheiro, e de ação de alimentos. Estas duas hipóteses continuam a suportar o encerramento do processo cognitivo pela sentença e a submeter-se a abertura de uma nova relação processual para alcançar-se o cumprimento da

da "cumprimento de sentença", assentada no Capítulo X do Código de Processo Civil.

A alteração foi alvo de críticas pela doutrina, pois, segundo alguns, há falta de apuro técnico. Na forma atualmente definida, o conceito de sentença restou fixado não em relação à finalidade, mas sim, ao conteúdo, pois os demais parágrafos do art. 162 do CPC mantiveram a *finalidade* para os demais atos.[26] Há quem apoie a redação atual, vislumbrando na sentença de primeiro grau o ato de encerrar o *procedimento*.[27] [28] Parece correto, todavia, afirmar que a extinção do processo se dá "através do esgotamento das vias impugnativas, ou seja, pelo trânsito em julgado (coisa julgada formal)";[29] já que o ato judicial (v.g, sentença ou acórdão) tem potencial de encerrar o processo, portanto, finalidade.

Parte da doutrina distingue as sentenças em três: de mérito, de carência de ação e meramente processual.

Na sentença de mérito (art. 269 do CPC), que pode ser definitiva ou provisória,[30] o juiz resolve o mérito acolhendo ou rejeitando o pedido do autor

---

condenação (arts. 730 e 732, respectivamente)." (THEODORO JÚNIOR, Humberto. *Processo de execução e cumprimento da sentença*. 25. ed. São Paulo: LEUD, 2008, p. 541). Embora a Lei nº 11.232 não tenha revogado o art. 732, do CPC, há forte tendência jurisprudencial em recepcionar as execuções de alimentos como cumprimento de sentença, na forma do art. 475-J, do CPC. Ver, por exemplo, o acórdão do Agravo de Instrumento CNJ: 0021280-66.2013.8.21.7000, do Tribunal de Justiça do Estado do Rio Grande do Sul.

[26] "Nós demoramos quarenta anos para sedimentar a jurisprudência sobre o conceito de sentença, para saber se cabe apelação ou cabe agravo. Anos, décadas de discussões; e aplica a fungibilidade, não aplica. Ai, depois que a comunidade assentou tudo, agora acho que chegamos ao significado de sentença. Ai vem uma lei, porque alguém lá quis passar sua tese no Congresso..., olha, sentença agora é aquela que se define pela matéria; matéria do 267 e do 269. Vai voltar tudo de novo? Olha a falta de conhecimento de sistemas. O 162 do CPC diz: ato do juiz consistirão em sentença, interlocutórias e despacho; e define cada um deles. Qual é o parâmetro? O parâmetro é extinção ou não do processo. É a finalidade do ato. Para os três atos. Importa só ao fim a que ele se destina. Esse foi o parâmetro para se definir o ato judicial, o pronunciamento judicial. Ai vem a nova lei que reformou essa matéria e diz que o parágrafo primeiro que define sentença não é mais finalidade, mas o conteúdo. E o dois e o três [parágrafo]? Continuou finalidade. Isso é de uma barbaridade, de falta de conhecimento técnico!" [comentado]. Nery Júnior, Nelson. [palestra]. I Seminário Internacional de Processo Civil: O processo civil na pós-modernidade. 15 e 16 de setembro de 2011. Pontifícia Universidade Católica do Rio Grande do Sul. Porto Alegre/RS. Assim indicava a doutrina na sistemática anterior, sobre o conceito de sentença: "todo o ato jurisdicional que ponha termo ao processo, decidindo ou não o mérito da causa (art. 162, § 1º)" (SILVA, Ovídio A. Baptista da. *Curso de Processo Civil*. Porto Alegre: Fabris, V.I., 1987, p. 335).

[27] WAMBIER, Teresa Arruda Alvim. *Nulidades do processo e da sentença*. 6. ed. São Paulo: RT, 2007, p. 26.

[28] Parece que a construção de Teresa Arruda Alvim Wambier, ao fim e ao cabo, leva à ideia de sentença (como ato judicial de encerramento, portanto, finalidade), embora trabalhando a ideia de conteúdo, pois afirma: "Cumpre notar, inicialmente, que os arts. 267 e 269 do CPC dizem respeito quer a sentença, quer a acórdão, quer às decisões monocráticas proferidas por relator cujo *conteúdo* seja o de uma sentença." (WAMBIER, Teresa Arruda Alvim. *Nulidades do processo e da sentença*. 6. ed. São Paulo: RT, 2007, p. 32). Logo, é possível perceber que a autora aponta para *ato decisório* que tem potencialidade de encerrar o processo (finalidade), ainda que dentro de um procedimento, posto que o processo somente se encerrará com a coisa julgada formal; independentemente do ato judicial (sentença, acórdão, decisão monocrática, enfim) que a precedeu.

[29] ASSIS, Araken de. *Manual da execução*. 10. ed. São Paulo: RT, 2006, p. 452.

[30] Nos processos de litisregulação, de tutela provisória, cautelares ou não, há sentença e cognição. "Se a doutrina reconhece, com razão, a autonomia da função cautelar em face das funções jurisdicionais de conhecimento e execução, parece certo atribuir-lhe também conteúdo diverso, isto é, mérito próprio, em virtude da finalidade específica. Como na cautela não se cuida nem da declaração do direito material (função de conhecimento), nem de sua realização coacta (função de execução), mas da existência ou não de necessidade de segurança em

(inc. I); quando o juiz declara que o réu reconheceu a procedência do pedido (inc. II) ou que o autor renunciou ao pedido em que se funda a ação (inc. V); pronuncia a decadência ou a prescrição (inc. IV); ou, finalmente, homologa transação (inc. III).

Na sentença de *carência de ação,* o processo é extinto por falta de alguma das *condições da ação*.[31] Na *meramente processual* é extinto em função de outro pressuposto processual, *v.g.*, capacidade da parte, inépcia da petição inicial, litispendência, coisa julgada ou simplesmente, porque a ação se exauriu, como no caso da sentença que extingue a execução.[32]

"A sentença é silogismo, no qual a premissa menor são os fatos, a premissa maior, o direito, e a decisão, a conclusão lógica".[33]

> A idéia de que a sentença seja o resultado de um silogismo correspondente a uma simplificação exagerada e pouco fiel daquilo que verdadeiramente acontece com a formação do convencimento do juiz. Poder-se-ia mesmo dizer que a figura lógica de um silogismo jamais terá lugar no período de formação mental da sentença; ou se realmente houver um silogismo, antes de ser ele a formar a sentença, será esta – depois de formada no espírito do julgador – que dará ensejo a um silogismo, montado apenas com o fim de justificar e fundamentar a concreção da norma legal. Só depois da sentença formada, como ato intelectivo complexo [...] é que o julgador tratará de dar-lhe a forma de um silogismo. Mesmo assim, e apesar de tudo, a idéia da sentença como um silogismo auxilia-nos a compreender, senão o ato de julgar, ao menos o resultado daquela operação lógica a que se denomina *juízo de concreção.*[34]

É pressuposto da sentença o exame, a argumentação e a conclusão, pelo juiz, a respeito do caso posto em lide; ato que ele realiza em face do contexto dos autos de forma conjunta com a petição e a contestação, já que são respostas das comunicações de vontade nelas contidas, cujo julgamento sobre tais comunicações de conhecimento, as comunicações de vontade se apoiarão. O

---

face de risco iminente, não resta a menor dúvida de que a avaliação desta necessidade e deste risco, ou seja, do *periculum in mora*, singulariza o *interesse legítimo* em eliminá-lo, como *condição peculiar*, não só da ação como de toda a função cautelar, incluídas as providências voluntárias. Sua falta provoca juízo de *carência*. Para a procedência da ação, porém, exige-se algo mais. Não basta o perigo. Indispensável se faz que a aparência do direito socorra ao postulante. O *fumus boni juris*, portanto, na verdade, a própria avaliação do mérito. Se o autor satisfaz às três condições e se sua pretensão se apresenta revestida da aparência de direito o pedido *merece* provimento. Trata-se, porém, de juízo provisório, que não representa prejulgamento definitivo da demanda principal. E nisto reside, precisamente, a característica do mérito da sentença cautelar: em ser juízo de mera verossimilhança dos fatos. Por isso, se distingue da sentença de conhecimento, que é juízo de realidade e certeza. [...] como juízo de probabilidade não pode, por definição, constituir juízo de certeza, não se produzirá coisa julgada. Há, pois, sentenças de mérito que não são definitivas, isto é, que não produzem coisa julgada." (TESHEINER, José Maria. *Elementos para uma teoria geral do processo*. São Paulo: Saraiva, 1993, p.141-144).

[31] "São condições da ação, conforme a doutrina de Liebman, adotada por nosso Código de Processo Civil, a possibilidade jurídica do pedido, o interesse de agir (necessidade e adequação do pedido formulado) e a legitimação para a causa." (TESHEINER, José Maria. *Elementos para uma teoria geral do processo*. São Paulo: Saraiva, 1993, p.109).

[32] TESHEINER, José Maria. *Elementos para uma teoria geral do processo*. São Paulo: Saraiva, 1993, p. 141.

[33] CORREA, Orlando de Assis. *Sentença cível: elaboração-nulidades*. 3. ed. Rio de Janeiro: Aide, 1985, p. 24.

[34] SILVA, Ovídio A. Baptista da. *Curso de processo civil*. Porto Alegre: Fabris, 1987, V. 1, p. 338.

julgador deve, portanto, levar em consideração tudo o que for juridicamente relevante até proferi-la. Assim, a sentença reflete, geralmente, *estado de fato* e *estado jurídico* existentes até um determinado momento.[35]

Sincronizado com tais afirmações, a sentença obrigatoriamente deve possuir (art. 458 do CPC), salvo disposição legal contrária, os seguintes elementos: a) o *relatório*[36] (identificação das partes, resumo do pedido e da resposta, além do registro das principais ocorrências havidas no andamento do processo); b) os *fundamentos* (onde o juiz analisará questões de fato e de direito); c) o *dispositivo* ou *decisum* (geralmente é a solução do Estado para o conflito submetido, expresso pelo juiz, face à verdade formal; verdade reproduzida nos autos).

Somente no *decisum* é que são formulados preceitos que produzirão efeitos, em regra, na vida dos litigantes (das partes) ou mesmo processuais,[37] já que pela sistemática brasileira, o relatório e os fundamentos estão excluídos. Assim, embora todos estejam *obrigados a reconhecer o julgado entre* as partes,[38] em geral, não são prejudicados (ou não deveriam) pela sentença.

Ocorre que o processo civil, ao regular o contencioso social (pela resposta do Estado-juiz), reflete na dinâmica social, econômica e política de uma sociedade, entre seus participantes, entre suas instituições e seus participantes, e entre as próprias instituições.

Por essa especial regulação, é possível afirmar que o juiz, ao julgar, não está apenas resolvendo conflito entre as partes, mas sua resposta poderá alcançar distâncias ainda maiores, políticas, pois também é uma resposta de pacificação e harmonia social.[39]

Com razão, afirmam Fleming James Jr., Geoffrey C. Hazard Jr. e John Leubsdorf que:

> The law of civil procedure is no different from any other body of law. The law of civil procedure regulates an activity – civil litigation – that has social , economic, and political dynamics that interact with the legal institutions and ideas governing it. A civil case is not merely the occasion for applying rules, it is a "happening" in the lives of the litigants that can have profound significance for them. Taken in aggregate, the happenings in individual cases have pervasive significance for society. Civil litigation is a social process, one of the techniques by which society adjusts to the conflicts that arise from shortages of resources, misunderstandings and antipathies among members of society, and social change over time.[40]

---

[35] MIRANDA, Pontes de. *Comentário ao Código de Processo Civil*. 3. ed. Rio de Janeiro: Forense, T.I, 1997, p. 60.

[36] O art. 38 da Lei 9.099/95 é exemplo de dispensa do relatório; desde que presente breve resumo dos fatos ocorridos em audiência.

[37] DINAMARCO, Cândido Rangel. *Capítulos de sentença*. 2. ed. São Paulo: Malheiros, 2006, p.16-17.

[38] SILVA, Ovídio A. Baptista da. *Sentença e coisa julgada (ensaios e pareceres)*. 4. ed. Rio de Janeiro: Forense, 2003, p. 71.

[39] SOTO, Érica Antônia Bianco de. *Sentença civil: perspectiva pragmática*. Campo Grande: UCDB, 2001, p. 20-21.

[40] JAMES JR, Fleming; HAZARD JR, Geoffrey; LEUBSDORF, John. *Civil Procedure*. 5th Edition, New York: Foundation Press, 2001, p. 359.

Os efeitos da sentença se operam *erga omnes*, sob forma de *eficácia natural*,[41] lembrando a terminologia empregada por Enrico Tullio Liebman. Extrai-se daí que o efeito jurídico-processual que nunca atinge os terceiros é a *indiscutibilidade* do que foi declarado pelo juiz, impedindo que as partes disponham, validamente, transacionando sobre o sentido da declaração contida na sentença, ou que os juízes modifiquem ou reapreciem em processos futuros, essa declaração. A isso *se dá o nome de coisa julgada material*.[42] Essa eficácia natural da sentença é imodificável pelo terceiro, apenas a eficácia reflexa é que pode ser combatida.

A questão da abrangência dos efeitos da sentença, da extensão aos terceiros, está intimamente ligada com os limites subjetivos da coisa julgada, que será objeto de análise.

Ressalta-se, contudo, que o alcance dos efeitos da sentença é problema de discussão secular e que não tem entendimento pacífico. Há doutrina que indica não ser a melhor solução a busca de uma regra geral capaz de traduzir "num único princípio abstrato, abrangente da infinita gama de peculiaridades que os casos concretos nos apresentam".[43] Ao contrário de tentar buscar uma fórmula matemática ou lei geral, talvez melhor seja estudar particularmente caso por caso, e os problemas básicos das múltiplas eficácias que cada sentença possui e seus efeitos.

Ademais, como as classificações não são eternas, e o direito é um processo social dinâmico, não é possível pensar que os processualistas continuem a "raciocinar com o mesmo esquema mental com que os juristas do século XIX" e que o velho arcabouço da jurisdição singular vale como regra geral,[44] sem as necessárias adaptações ou interpretações que considerem os novos interesses e direitos de terceira dimensão.

Para ser possível compreender alguns dos vastíssimos problemas ligados ao tema, e este trabalho, é necessário tratar das eficácias das sentenças.

2.2. Eficácias das sentenças

Ensina a doutrina que a palavra *eficácia* é tradução de *wirkung*, termo que abrange os conceitos de *força* e *efeito*. Por tal razão, de abrangência, as expressões têm sido confundidas nas esferas jurídicas. Mais técnico é conceituar

---

[41] LIEBMAN, Enrico Tullio. *Eficácia e autoridade da sentença e outros escritos sobre a coisa julgada*. 3. ed. Rio de Janeiro: Forense, 1984, p. 121-164
[42] SILVA, Ovídio A. Baptista da. *Sentença e coisa julgada (ensaios e pareceres)*. 4. ed. Rio de Janeiro: Forense, 2003, p. 89-90.
[43] Idem, p. 72.
[44] Ibidem.

efeitos como consequências da sentença e *eficácia* como sua força no mundo jurídico.[45]

Por isso também a eficácia da sentença difere da autoridade da coisa julgada, pois representa uma qualidade do que é eficaz, que por seu turno é aquilo que produz um efeito, consistente em um resultado – consequência.[46] Portanto, a autoridade da coisa julgada difere dos efeitos da sentença, já que é qualificativo, de intensidade e profundidade, que os reforça.[47]

Por muito tempo, em razão de questões culturais e políticas, pela influência da doutrina clássica italiana, da filosofia liberal do século XIX, as ações e, logo, as sentenças, foram classificadas em declaratória, condenatória e constitutiva. Essa classificação ternária (também denominada trinária),[48] de função eminentemente declaratória, estava comprometida com os valores do direito liberal, da então pretendida neutralidade do juiz, da autonomia da vontade e da ingerência do Estado nas relações dos particulares e a incoercibilidade do fazer, que se resolviam não assegurando o adimplemento *in natura* do bem que era devido ao credor, mas pelo ressarcimento em pecúnia. Atrelada ao princípio da separação dos Poderes, cujo estudo sociológico-político foi desenvolvido por Montesquieu, a sentença *lato sensu* declaratória, comprometida com a relevância do Poder Legislativo à época, reafirmava a vontade da lei e a autoridade do Estado-Legislador;[49] consagrando o bordão *juiz la bouche de la loi*,[50] aquele privado de dar ordens e de exercer *imperium*. Por tais razões, as sentenças declaratória, constitutiva e condenatória eram suficientes.

O sistema ternário (ou o binário,[51] declaratórias e condenatórias),[52] como é possível perceber, não foi pensado[53] para viabilizar uma tutela preventiva; essa realmente adequada à tutela de novos interesses e direitos, não patrimo-

---

[45] CAMPOS, Antônio Macedo de. *Ação rescisória de sentença*. São Paulo: Sugestões literárias, 1976, p. 45.
[46] PORTO, Sérgio Gilberto. *Coisa julgada civil*. 3. ed. São Paulo: RT, 2006, p. 55.
[47] LIEBMAN, Enrico Tullio. *Eficácia e autoridade da sentença e outros escritos sobre a coisa julgada*. 3. ed. Rio de Janeiro: Forense, 1984, p. 54.
[48] Dentre os defensores dessa classificação (CHIOVENDA. Giuseppe. *Instituições de direito processual civil*. 3. ed. São Paulo: Bookseller, 2002, p.229-285), que partia do princípio de que todas as ações caminham para um fim, e este fim é a sentença, classificando-as, portanto, em *condenatórias, constitutivas* e *declaratórias*.
[49] MARINONI, Luiz Guilherme; ARENHART, Sérgio Cruz. *Manual do processo de conhecimento*. 5. ed. São Paulo: RT, 2006, p. 414-415.
[50] Em tradução livre, seria o "juiz a boca da lei", referência à atuação limitada no julgador.
[51] "As classificações de ações de que usaram os juristas europeus estão superadas. Assim a classificação binária como a classificação ternária (ação declaratória, ação constitutiva, ação condenatória) não resistem às críticas e concorrem para confusões enormes que ainda hoje estalam nos espíritos de alguns juristas, como também não viam que uma coisa é a força de sentença (eficácia preponderante) e outra a eficácia imediata e a mediata, sem falar nas duas menores, com que se completa a constante da eficácia das ações e das sentenças." (MIRANDA, Pontes de. *Tratado das ações*. São Paulo: Bookseller, 1998, p. 131-132).
[52] ASSIS, Araken de. *Manual da execução*. 10. ed. São Paulo: RT, 2006, p. 73.
[53] Ou os doutrinadores da época não se preocupavam em assim pensar, já que tudo se resumia a recomposição por meio de dinheiro ou sanção de nulidade.

niais (*v.g.* os fundamentais, de terceira dimensão,[54] ditos difusos e coletivos *stricto sensu*), que foram surgindo ao longo dos tempos.

A classificação ternária, nesse contexto, era insuficiente (embora exista quem a defenda) para a tutela de direitos não patrimoniais, face à inabilidade da sentença declaratória para prevenção e o evidente escopo repressivo (no plano valorativo) da sentença condenatória, revelando a incapacidade da divisão anterior lidar com as relações sociais contemporâneas.[55]

Pontes de Miranda[56] criou a teoria quinária das ações, reconhecendo a existência de cinco tipos de cargas de eficácias[57] da sentença: declarativa, constitutiva, condenatória, mandamental e executiva; advertindo que "não há nenhuma ação, nenhuma sentença, que seja pura",[58] portanto, dificilmente será possível verificar apenas uma das cinco cargas, as quais passam a ser analisadas.

2.2.1. *Eficácia declaratória*

A sentença declaratória, por muito tempo, ficou despercebida, já que desde os romanos a sentença condenatória recebeu reforçada atenção, pois buscava obter do réu uma prestação por meio de uma sentença que o condenava a prestar,[59] sendo suficiente à sistemática da época.

A sentença declaratória pode ser conceituada como aquela que, ao declarar, afirma (positiva) ou não (negativa) a existência da relação jurídica (art. 4º, I, do CPC). É quando "se pede que se torne *claro* (de-clare), que se ilumine o recanto do mundo jurídico para se ver se *é*, ou *não é*, a relação jurídica de que se trata".[60] Pressupondo a incerteza, o manejo da ação declarativa servirá para ob-

---

[54] SARLET, Ingo Wolfgang. *A eficácia dos direitos fundamentais: uma teoria geral dos direitos fundamentais na perspectiva constitucional*. Porto Alegre: Livraria do Advogado, 2009, p. 50-52.

[55] MARINONI, Luiz Guilherme; ARENHART, Sérgio Cruz. *Manual do processo de conhecimento*. 5. ed. São Paulo: RT, 2006, p. 416-417.

[56] MIRANDA, Pontes de. *Tratado das ações*. T. 1, São Paulo: Bookseller, 1998

[57] Como esclarece Ovídio A. Baptista da Silva, *conteúdo, eficácia e efeitos* da sentença não se confundem. "Segundo uma concepção mais ou menos pressuposta por todos os processualistas, o *conteúdo* da sentença corresponderia à declaração pronunciada pelo juiz, enquanto seus efeitos seriam externos e somente surgiriam em momento subseqüente ao julgado. [...] Quando tratamos das *eficácias da sentença*, [...] o emprego do vocábulo eficácia nada tem a ver com a validade da sentença, ou com a possível vinculação a ela das partes ou terceiros, porventura alcançados por seus efeitos. Quando dizemos que uma determinada sentença tem eficácia declaratória ou constitutiva não queremos dizer que ela seja eficaz relativamente a este ou aquele sujeito, como se diria da qualidade do ato ou negócio jurídico que seja eficaz ou ineficaz. O conceito de eficácia da sentença mais do que a validade, ou a pura aptidão para ser eficaz, perante seus destinatários, indica a qualidade do 'ser eficaz', porque não se diz simplesmente que tal sentença tem eficácia, e sim que tem esta ou aquela eficácia, que ela é declaratória, constitutiva etc." (SILVA, Ovídio A. Baptista da. *Curso de processo civil*. Porto Alegre: Fabris, 1987, V. 1, p. 419-422).

[58] MIRANDA, Pontes de. *Tratado das ações*. § 26, T. 1, São Paulo: Bookseller, 1998, p. 136-143.

[59] TESHEINER, José Maria. *Elementos para uma teoria geral do processo*. São Paulo: Saraiva, 1993, p.145.

[60] MIRANDA, Pontes de. *Tratado das ações*. T. 1, São Paulo: Bookseller, 1998, p. 132.

ter da sentença, *v.g.*, a declaração da autenticidade ou falsidade de documento[61] (art. 4º, II, do CPC). "O enunciado é só enunciado de existência. A prestação jurisdicional consiste em simples clarificação".[62]

> A ação declaratória de autenticidade ou falsidade de documento tem a particularidade de provocar juízo que recai unicamente sobre fato. Não há pedido de declaração de direito subjetivo, do que decorre a identificação entre a causa de pedir e o pedido mediato. Alega-se que o documento X é autêntico (causa de pedir) e pede-se ao juiz que declare, por sentença, sua autenticidade.[63]

A eficácia declarativa da sentença não cria, mas limita a declarar existente uma vontade concreta da lei que garante um bem ao autor, isto é porque atua um direito preexistente.[64]

> Se alguém afirma haver emprestado a outrem determinada quantia em dinheiro e este, ao contrário, insiste em que a recebeu de presente, como doação, certamente ambos terão interesse em obter uma sentença judicial, o primeiro pretendendo que o juiz *declare a existência* da relação jurídica de empréstimo, o segundo para que o juiz a *declare inexistente*, ou para declarar a existência do contrato de doação. Qualquer das partes, neste caso, pode assumir a posição de autor, deixando à outra a posição de ré.[65]

Ensina Humberto Theodoro Júnior que se o vencedor que teve a relação jurídica declarada, reconhecido um crédito seu, quiser exigir o respectivo pagamento, deverá propor outra ação contra o devedor, de natureza condenatória.[66]

Portanto, protege-se apenas direito ou pretensão, ou o interesse em que seja declarado verdadeiro ou falso um documento, em que exista ou não uma relação jurídica. Na sentença declarativa, entrega-se a quem pediu uma tutela jurídica sem o *exigir*. Proteção a caracteriza, sem ser examinada *outra* pretensão que não a declaração.[67] A sentença que revela que nenhum direito e respectiva ação material tocava ao autor, é somente declaratória.[68]

---

[61] TESHEINER, José Maria. *Elementos para uma teoria geral do processo*. São Paulo: Saraiva, 1993, p. 144. A declaração sobre falsidade de documento, aliás, é exceção para os casos de declaração, já que o faz sobre fatos, o que de resto, para qualquer outra hipótese, há vedação (art. 4º, I c/c o art. 469, II do CPC). Para Araken de Assis a afirmação é inexata: "Em geral, se diz que a teor do disposto no art. 4º, I, ela não recai sobre fatos. Isto se mostra inexato. Em primeiro lugar, os elementos de fato da regra incidem, e, portanto, o órgão judiciário se manifestará sobre tal questão, tanto que eles sejam controvertidos. Ademais, conforme deflui do art. 935, segunda parte, do Cód. Civil de 2002, regras especiais determinam alcance diverso à força declaratória, que, neste exemplo, abrangerá a 'existência de fato'." (ASSIS, Araken de. *Cumulação de ações*. 4. ed. São Paulo: RT, 2002, p. 94).

[62] MIRANDA, Pontes de. *Tratado das ações*. T. 1, São Paulo: Bookseller, 1998, p. 132.

[63] TESHEINER, José Maria. *Eficácia da sentença e coisa julgada no processo civil*. São Paulo: RT, 2001, p. 48-49.

[64] CHIOVENDA, Giuseppe. *Instituições de Direito Processual Civil*. 3. ed. São Paulo: Bookseller, 2002, p. 241.

[65] SILVA, Ovídio A. Baptista da. *Curso de processo civil*. Porto Alegre: Fabris, 1987, V.1, p. 121-122.

[66] THEODORO JÚNIOR, Humberto. *Curso de direito processual civil*. 41. ed. Rio de Janeiro: Forense, 2004, V .I, p. 475.

[67] MIRANDA, Pontes de. *Comentários ao Código de Processo Civil*: arts. 444 a 475. Rio de Janeiro: Forense, T. V, 1997, p.39.

[68] ASSIS, Araken de. *Manual da execução*. 10. ed. São Paulo: RT, 2006, p. 74.

Com a emissão da sentença declaratória, a tutela esgota-se, produzindo coisa julgada material. O bem da vida é justamente a obtenção de uma sentença com força de coisa julgada, tornando indiscutível em outra demanda a existência ou não da relação jurídica que foi dada a declaração.[69]

Há quem defenda que o clareamento da incerteza será, também, não somente em relação à existência ou não da relação jurídica, mas também do seu exato conteúdo ou mesmo em relação à melhor interpretação de cláusula contratual;[70] e que a eficácia declaratória recai sobre fatos.[71]

Mas, no caso de pedido de declaração de nulidade da cláusula de juros compostos, por exemplo, porque vedada por lei, "a causa de pedir compreende o fato de constar a cláusula do contrato X. O pedido, embora na aparência declaratório, é no sentido de que o juiz decrete a nulidade. A sentença é, na verdade, constitutiva".[72]

> A ação declaratória em que se pede a "declaração" da *nulidade de uma relação jurídica*, em vez da declaração da sua inexistência, é ação *constitutiva negativa* disfarçante; ou ocorre a troca de um dos sentidos de "declarar" por outro. "Declara-se" a nulidade do casamento ou do contrato; mas este "declara" está aí no sentido de direito material, que é o de dizer que já se constituíra, antes, alguma relação jurídica, em oposição a só se constituir, agora. "Declarar", no sentido do direito processual, é menos e mais do que isso: é não condenar, não constituir, não executar, não mandar, mas, apenas, enunciar, autoritativamente, que *existe*, ou que *não existe*. A própria ação declaratória da falsidade ou autenticidade de documento (que é caso especial) é enunciado de fato (no sentido lógico) sobre a existência ou não-existência do conceito jurídico (autenticidade).[73]

Não se desconhece igualmente a posição que defende, em certos casos, a possibilidade de formar título para execução forçada com base em sentença com eficácia "meramente" declaratória. A partir da Lei 11.232, de 2005, com a redação do art. 475-N[74] do CPC, parte da doutrina passou a entender que a sentença declaratória, com "eficácia de título executivo", daria ensejo à execução forçada sem a necessidade de uma sentença condenatória.[75] Tal interpre-

---

[69] SILVA, Ovídio A. Baptista da. *Curso de processo civil.* Porto Alegre: Fabris, 1987, V. 1, p. 122.

[70] Aponta Araken de Assis a existência da Súmula 181 do STJ, que prevê: "É admissível ação declaratória, visando a obter certeza quanto à exata interpretação de cláusula contratual." (ASSIS, Araken de. *Manual da execução*. 10. ed. São Paulo: RT, 2006, p. 76). Lembra o mesmo autor que doutrinadores destacam o caráter *prescritivo* da eficácia declaratória, que serviria para, por exemplo, na ação declaratória para obtenção da exata interpretação de cláusula contratual, *prescrever* aos parceiros do negócio, determinada conduta.

[71] Nesse particular, defende Araken que regras especiais determinam alcance diverso à força declaratória, abrangendo a existência do fato. Cita como exemplo o art. 935 do CCB/2002 (ASSIS, Araken de. *Cumulação de ações*. 4. ed. São Paulo: RT, 2002, p. 93-94).

[72] TESHEINER, José Maria. *Eficácia da sentença e coisa julgada no processo civil.* São Paulo: RT, 2001, p. 50.

[73] MIRANDA, Pontes de. *Tratado das ações.* § 26, T. 1, São Paulo: Bookseller, 1998, p. 216-217.

[74] "Art. 475-N. São títulos executivos judiciais: I – a sentença proferida no processo civil que reconheça a existência de obrigação de fazer, não fazer, entregar coisa ou pagar quantia; [...]"

[75] DINAMARCO, Cândido Rangel. *Capítulos da sentença.* 2. ed. São Paulo: Malheiros, 2006, p. 126.

tação deve-se ao fato de ter sido suprimida a palavra *condenatória* (existente no revogado art. 584, I, do CPC) abrindo margem à formação de título executivo judicial a partir de sentença que *reconheça obrigação de fazer, não fazer, entregar coisa ou pagar quantia*.

Tal linha sustenta uma leitura conjunta com o parágrafo único do art. 4º do CPC, e somente para esses casos. Mas é de ser observado que é hermenêutica duvidosa, já que o parágrafo, ao contrário do que sustentam, parece fazer tão somente diferenciação entre declaratória e condenatória; não vedando a ação declaratória, mesmo se já presente a violação do direito (o dano).[76]

2.2.2. Eficácia constitutiva

A sentença constitutiva é a que cria, modifica ou extingue uma relação jurídica.[77] Implica, portanto, mudança na relação jurídica.[78]

A sentença, antes de constituir, declara algo que possibilita a constituição positiva (*constitutiva*) ou negativa (*desconstitutiva*).[79] Não se confundem. Ainda que "existente superposição (predominância de um elemento, que é a força) entre eficácias",[80] a declaratória e a constitutiva são eficácias próprias.

---

[76] Parece não ser a melhor interpretação. A partir da doutrina de Pontes de Miranda, que verificou a existência de cargas de preponderância de eficácias, sabe-se que as sentenças não são, de regra, puras; formadas por única carga. Soa estranha, então, a interpretação de que a eficácia meramente declaratória formaria título a viabilizar execução. Ora, ainda que fosse declarada relação jurídica, parece que a eficácia declaratória não tem força, portanto não teria preponderância, de formar com profundidade o título executivo referido (ou mesmo viabilizar por si a execução latu sensu). A melhor interpretação parece ser a que lê, em sentença, o ato que carrega mais de uma eficácia. Se existe a possibilidade de execução é pelo fato de que a eficácia preponderante não é declaratória. No momento em que há profundidade no dispositivo, deixa de apenas declarar. Se o dispositivo é a única parte da sentença que fica qualificada pela coisa julgada, sendo meramente declaratório (o que é de todo difícil, talvez apenas verificável em relação à hipótese do art. 4º, II do CPC, já que múltiplas são as cargas), não há sentido lógico, tampouco jurídico, dentro do nosso sistema (que não abrange o relatório e a fundamentação), que se busque justificar a posição de que a sentença meramente declaratória, formada necessariamente pela análise da relação material – que nas palavras do Ministro Teori Albino Zavascki corresponde a "juízo completo a respeito da existência e do modo de ser da relação jurídica concreta" (STJ. REsp 588.202/PR. Ministro Relator Teori Albino Zavascki. DJ 25/02/2004, p. 123. Disponível em <http://www.stj.jus.br/SCON/jurisprudencia/toc.jsp?tipo_visualizacao=null&processo=588202&b=ACOR>. Acesso em: 01 out. 2011), que certamente constituirá o fundamento, venha a ser título executivo judicial. Em outras palavras, se o juízo completo é parte da fundamentação e essa não é abarcada pela coisa julgada, tampouco é norma do caso concreto, não há como considerar uma sentença de mera eficácia declaratória como título executivo; salvo se for alguma construção apenas para fins práticos, o que de todo além de tecnicamente impreciso, pouca segurança traz ao sistema. Do contrário, como dito, se deixa de fazer mera declaração e o dispositivo transborda para questões de fundo, viabilizando execução, parece que eficácia meramente declaratória não é. Certamente o pedido não ficou limitado a clareamento da existência ou não existência de relação jurídica; o juiz não poderia ir adiante senão por pretensão deduzida.

[77] Alguns autores defendem como um dos efeitos da eficácia constitutiva a *manutenção de relação jurídica*.

[78] ASSIS, Araken de. *Manual da execução*. 10. ed. São Paulo: RT, 2006, p. 77.

[79] MARINONI, Luiz Guilherme; ARENHART, Sérgio Cruz. *Manual do processo de conhecimento*. 5. ed. São Paulo: RT, 2006, p. 426.

[80] MIRANDA, Pontes de. *Tratado das ações*. T. 1, São Paulo: Bookseller, 1998, p. 217.

"Quem constitui faz mais do que declarar. Quem somente declara não constitui. Quem somente declara, necessariamente se abstém de constituir. 'Declaração constitutiva' não seria classe de declaração, mas soma de declaração e constituição".[81]

Tais confusões, entre eficácia declarativa e constitutiva, são foco de debates doutrinários há tempos, por gerarem equívocos de *falsos casos de declaratividade*.[82]

Ensina Ovídio A. Baptista da Silva que a procedência da ação constitutiva exaure "a atividade jurisdicional, tornando impossível ou desnecessária qualquer atividade subsequente tendente à realização de seu próprio enunciado". Obtém-se a formação, a modificação ou a extinção de uma relação jurídica. É diferenciada, pois as sentenças constitutivas prescindem de ação executória posterior para realização da pretensão posta em causa pelo autor. A sentença que determina, *v.g.*, a rescisão do contrato ou a anulação do negócio jurídico, dirá que o autor tem direito de obter tais resultados (declaratória), decretando, desde logo e na própria sentença, a rescisão ou a anulação pretendida; portanto, desconstituindo a relação jurídica até então existente. Enquanto a sentença declaratória não vai além "da simples declaração sobre a existência ou a inexistência de uma relação jurídica, a constitutiva não se limita a declarar-lhe a existência ou a inexistência senão que busca criá-la, modificá-la ou extingui-la".[83]

> As sentenças declaratória e constitutiva, ao contrário das sentenças condenatória, mandamental e executiva, *bastam como sentenças (por si)* para atender ao direito substancial afirmado, enquanto que as sentenças condenatória, mandamental e executiva *exigem atos posteriores* para que o direito material seja efetivamente realizado. [...] a sentença que rescinde um contrato, e portanto o desconstitui, basta por si só para atender ao direito do autor. [...] a sentença de interdição (art. 1.184 do CPC), que decreta (constitui) o estado de interdição, é constitutiva positiva, ao passo que a sentença que dissolve (desconstitui) a relação conjugal é constitutiva negativa.[84]

Daí também se observa a diferença entre *constitutividade*, que é mudança no mundo jurídico e *executividade*, que é mudança no mundo dos fatos.[85]

A constitutividade muda, por mínimo que seja, o mundo jurídico. Somente por falha humana a declaração altera o mundo jurídico, pois o juiz, homem que é, pode errar ao aplicar diversamente da incidência. No caso da constituição, eventual erro de interpretação e aplicação da lei será no plano declarativo, e não no constitutivo (pois em hipótese o *decisum* está naquele, que vem antes).

---

[81] MIRANDA, Pontes de. *Tratado das ações*. T. 1, São Paulo: Bookseller, 1998, p. 215.

[82] Idem, p. 218-219.

[83] SILVA, Ovídio A. Baptista da. *Curso de processo civil*. Porto Alegre: Fabris, 1987, V.1, p. 140.

[84] MARINONI, Luiz Guilherme; ARENHART, Sérgio Cruz. *Manual do processo de conhecimento*. 5. ed. São Paulo: RT, 2006, p. 425.

[85] SILVA, Ovídio A. Baptista da. *Sentença e coisa julgada (ensaios e pareceres)*. 4. ed. Rio de Janeiro: Forense, 2003, p. 90.

São separáveis, portanto, nas sentenças constitutivas, a força constitutiva e o efeito de coisa julgada material. Essa diferença é importante para o presente estudo, já que a hipótese é de revisão de sentença com respeito à coisa julgada.

O efeito da sentença constitutiva, por regra, age *ex nunc*, ou seja, somente a partir do trânsito em julgado. Somente por exceção legal age *ex tunc*, ou seja, "ainda que a mudança só advenha com a decisão definitiva do juiz, seus efeitos retroagem".[86]

Graças à identificação[87] dos direitos formativos foi possível chegar à classe das sentenças constitutivas.[88] A construção jurídica dessa categoria de sentenças pertence a Hellwig, que as conectou, portanto, aos direitos formativos e potestativos.[89] Observou esse autor que o direito à mudança de uma relação jurídica existente poderia ser exercido de três formas. A primeira, por declaração unilateral e extrajudicial de vontade do titular do direito. A segunda, mediante uma sentença em ação proposta pelo titular do direito. Nesses dois primeiros casos, estamos diante de direitos formativos diversamente regulados em que, de regra, basta uma declaração de vontade do titular para produzir a mudança da situação jurídica. Em alguns casos, nos quais a declaração do titular não é suficiente, por meio de ação. A sentença, transitada em julgado, modificará a situação jurídica. A terceira hipótese será mediante uma declaração de vontade do adversário, exigida por ele. Nessa última tem-se uma pretensão a prestação do adversário, e a sentença correspondente será condenatória.[90]

2.2.3. *Eficácia condenatória*

A eficácia condenatória é questão tormentosa na doutrina, tendo inclusive afirmado Ovídio A. Baptista da Silva que "a partir do processo formular, do juízo privado da actio romana, até nosso tempo, a imaginação e o talento dos juristas tiveram ensejo de percorrer todas as possíveis variantes doutrinárias", afirmando enfaticamente que, com isso, passaram a oferecer "um autêntico bazar de conceitos e explicações para o fenômeno processual da condenação",

---

[86] CHIOVENDA. Giuseppe. *Instituições de direito processual civil*. 3. ed. São Paulo: Bookseller, 2002, p.246.

[87] "De sentenças constitutivas falava já a doutrina menos recente, mas de figuras *anormais* em face da natureza meramente declarativa da sentença; e enumeravam-se como tais as sentenças que ditavam a separação pessoal ou o divórcio, as que rescindem contratos, as de adjudicação de somas penhoradas, e outras (Cf. Fadda e Bensa, sobre Windscheid, I, p. 1.197)". (CHIOVENDA. Giuseppe. *Instituições de direito processual civil*. 3. ed. São Paulo: Bookseller, 2002, p. 242).

[88] ASSIS, Araken de. *Manual da execução*. 10. ed. São Paulo: RT, 2006, p. 73.

[89] Para Giuseppe Chiovenda, as sentenças constitutivas também estavam atreladas aos direitos potestativos. "Há, pois, direitos potestativos nos quais se produz o novo estado jurídico simplesmente em virtude de uma declaração de vontade do titular; e outras, nas quais a mudança se determina somente quando o direito potestativo foi verificado pelo juiz: às vezes, é ainda necessário que o juiz proveja a algumas determinações conseqüências (como os quinhões nas divisões)". (CHIOVENDA, Giuseppe. *Instituições de Direito Processual Civil*. 3. ed. São Paulo: Bookseller, 2002, § 52 – Sentenças Constitutivas, p. 243).

[90] TESHEINER, José Maria. *Elementos para uma teoria geral do processo*. São Paulo: Saraiva, 1993, p. 145-146.

dificilmente não encontrando o estudioso um conceito capaz de satisfazer as suas preferências.[91] Razão pela qual afirma Araken de Assis que "de todas as eficácias tradicionais, a que se oferece mais enigmática ao estudioso é a condenatória".[92] A antiga fórmula *condemnatio* dos pretores romanos a todos atormenta, influindo em divergências doutrinárias intensas.[93]

A sentença condenatória cria para o autor o poder de sujeitar o réu à execução. Além de declarar, constitui um título. Ao contrário da sentença que apenas declara a relação jurídica e que não gera poder de sujeição do autor sobre o réu, a condenatória tem algo mais, que a diferencia, por possibilitar a execução forçada da relação declarada. Esse elemento é justamente a *condenação*, que cria um título executivo na eventualidade de um inadimplemento, transformando a relação de crédito e débito em outra, de poder e sujeição.[94]

Em avalizada obra, Pontes de Miranda, em conceito clássico, registrou:

> A *ação de condenação* supõe que aquele ou aqueles, a quem ela se dirige, tenham obrado *contra* direito, que tenham causado dano e mereçam, por isso, ser condenados (com-damnare). Não se vai até a prática do com-dano; mas já se inscreve no mundo jurídico que houve a danação, de que se acusou alguém, e pede-se a condenação. À ação executiva é que compete, depois, ou concomitantemente, ou por adiantamento, levar ao plano fático o que a condenação estabelece no plano jurídico.[95]

O que justificaria a eficácia condenatória, então, dentro dessa concepção, seria uma sanção ao transgressor, sendo eminentemente repressiva.

Explica Ovídio A. Baptista da Silva que o dano que legitima a demanda condenatória deve ser ofensa a direito de outrem.[96] Não há necessidade de ser, sempre, decorrente de ato ilícito, já que há casos em que o dano pode ser decorrente, por exemplo, de um ato em estado de necessidade.[97]

Em essência, explica Humberto Theodoro Júnior, "por trás dessa modalidade de sentença, portanto, está sempre uma crise na relação obrigacional, pois o credor, para ter seu direito subjetivo satisfeito, depende de ato do devedor". O inadimplemento do devedor da obrigação gera uma crise, que será enfrentada pela sentença que definirá a prestação a que o demandado estará sujeito. Como há a possibilidade de o vencido não realizar de forma espontânea a pres-

---

[91] SILVA, Ovídio A. Baptista da. *Sentença e coisa julgada (ensaios e pareceres)*. 4. ed. Rio de Janeiro: Forense, 2003, p. 23-24.

[92] ASSIS, Araken de. *Manual da execução*. 10. ed. São Paulo: RT, 2006, p. 78.

[93] Idem, p. 79.

[94] TESHEINER, José Maria. *Elementos para uma teoria geral do processo*. São Paulo: Saraiva, 1993, p.148.

[95] MIRANDA, Pontes de. *Tratado das ações*. T. 1, São Paulo: Bookseller, 1998, p. 135.

[96] Há que se interpretar *contra direito* como inobservância de direito material, já que modernamente não se perquire sobre a danação.

[97] SILVA, Ovídio A. Baptista da. *Sentença e coisa julgada (ensaios e pareceres)*. 4. ed. Rio de Janeiro: Forense, 2003, p. 40.

tação que lhe cabe, a sentença condenatória corresponderá à função de fonte da execução forçada.[98]

Ao condenar, o juiz não realiza a execução, apenas estabelece o pressuposto para que se faça, numa concepção tradicional, em demanda autônoma, subsequente, sendo perfeitamente perceptível a "separação lógica e cronológica entre o ato de condenar e o de executar a condenação". Há, portanto, distinção essencial entre o *condenar* e o *executar*. O juiz quando condena emite "um enunciado lógico de cunho valorativo, sem descer, contudo, ao mundo dos fatos, ao mundo dos fenômenos, para transformar a realidade física; ao passo que, pela execução, o juiz realiza o que devera ter sido feito pelo demandado e não o foi".[99]

Essa visão tradicional da eficácia condenatória restou abalada pela alteração legislativa introduzida pela Lei 11.232/2005, que mudou a sistemática da execução, tornando-a desnecessária em novo processo. Anteriormente à Lei 11.232/2005, o credor tinha que instaurar sempre um processo de execução, por meio de uma ação, posterior ao encerramento da relação processual cognitiva, denominada ação de execução de sentença, a fim de fazer atuar a tutela jurisdicional até suas últimas consequências. No sistema atual as sentenças passaram a um regime único de cumprimento, não havendo dependência de uma ação executiva separada. Salvo as exceções legais, a execução se realiza após a prolação, na mesma relação processual em que se formar a sentença, por simples requerimento.[100] Assim, na atualidade, o sistema brasileiro não conta com a eficácia condenatória típica, já que o efeito predominante da sentença é o executivo.[101]

Calha lembrar que o fato de o atual art. 475-J do CPC prever multa para o não pagamento da quantia fixada em sentença não desvirtua o caráter de condenatório para mandamental. Além de a execução continuar sendo por sub-ro-

---

[98] THEODORO JÚNIOR, Humberto. *Processo de execução e cumprimento da sentença*. 25. ed. São Paulo: LEUD, 2008, p. 539-540.

[99] SILVA, Ovídio A. Baptista da. *Sentença e coisa julgada (ensaios e pareceres)*. 4. ed. Rio de Janeiro: Forense, 2003, p. 75-76.

[100] THEODORO JÚNIOR, Humberto. *Processo de execução e cumprimento da sentença*. 25. ed. São Paulo: LEUD, 2008, p. 540-541. Lembra o autor que "Em regra, ação autônoma de execução somente existirá para os títulos extrajudiciais. A reforma operada pela Lei n. 11.232 apenas preservou a execução de sentença sob a forma de ação nova, posterior à condenação, nos casos de condenação da Fazenda Pública por obrigação de dinheiro, e de ação de alimentos. Estas duas hipóteses continuam a suportar o encerramento do processo cognitivo pela sentença e a submeter-se a abertura de uma nova relação processual para alcançar-se o cumprimento da condenação (arts. 730 e 732, respectivamente)".

[101] Talvez face à busca por uma efetiva tutela. Lembra Elaine Harzheim Macedo que: "Não há mais como conviver com o conceito de uma sentença que se limita a reconhecer, acolhendo ou rejeitando o direito pleiteado pelo autor, como mero resultado de uma operação lógica e dedutiva, como ato formal e abstrato, de caráter meramente normatizador, dizendo quem tem e quem não tem razão, política e socialmente irresponsável." (MACEDO, Elaine Harzheim. *Jurisdição e processo*: crítica histórica e perspectivas para o terceiro milênio. Porto Alegre: Livraria do Advogado, 2005, p. 280).

gação, a multa prevista tem natureza diversa daquela utilizada para forçar o demandado ao adimplemento.

Sendo a multa prefixada pelo legislador, não há como o magistrado realizar fixação diversa do percentual ali estabelecido, não dando, ao juiz, poder para atuar sobre a vontade do réu, considerando as necessidades da situação concreta.[102]

2.2.4. Eficácia executiva

A eficácia executiva é a que viabilizará a realização dos atos executivos, "atividade jurisdicional no campo da realização forçada (estatal) do direito"[103], a fim de produzir efeitos práticos no mundo dos fatos.

A execução forçada é a atividade desenvolvida pelos órgãos judiciários para dar atuação à sanção. Se quem assinou uma nota promissória, no vencimento não honrou a obrigação assumida por iniciativa própria, cabe a intervenção estatal em seu patrimônio para obter-se, à custa do devedor, sem ou contra a vontade deste, a satisfação do direito do credor (o resultado prático a que tendia a regra jurídica que não foi obedecida).[104]

É aquela que se dá através de meios executivos que permitem a realização do direito independentemente da vontade do réu.[105]

Execução, afirma José Maria Tesheiner, é o conjunto de atos pelos quais o juiz entrega ao credor a prestação devida pelo devedor, salientando que não há que se confundir execução com efeito executivo. Aquela é fato jurídico, não efeito.[106]

As ações executivas se distinguem[107] em *stricto sensu*, aquelas fundadas em título executivo judicial ou extrajudicial, e as ações executivas *lato sensu*, como as possessórias, que correspondem às ações de conhecimento em que a eficácia condenatória da sentença é tal que permite a execução na mesma relação

---

[102] MARINONI, Luiz Guilherme; ARENHART, Sérgio Cruz. *Manual do processo de conhecimento*. 5. ed. São Paulo: RT, 2006, p. 427-428.
[103] SILVA, Ovídio A. Baptista da. GOMES, Fábio Luiz. *Teoria geral do processo civil*. 4. ed. São Paulo: RT, 2006, p. 334.
[104] THEODORO JÚNIOR, Humberto. *Processo de execução*. 21. ed. São Paulo: Universitária de Direito, 2002, p.32.
[105] MARINONI, Luiz Guilherme; ARENHART, Sérgio Cruz. *Manual do processo de conhecimento*. 5. ed. São Paulo: RT, 2006, p. 422.
[106] TESHEINER, José Maria. *Elementos para uma teoria geral do processo*. São Paulo: Saraiva, 1993, p. 150.
[107] Foi pela doutrina de Pontes de Miranda que se passou a distinguir as ações executivas *lato sensu*, que correspondem àquelas ações de conhecimento em que a eficácia condenatória da sentença é tal que permite a execução na mesma relação processual e as ações executivas *stricto sensu* (aquelas fundadas em título executivo judicial ou extrajudicial). (TESHEINER, José Maria. *Eficácia da sentença e coisa julgada no processo civil*. São Paulo: RT, 2001, p. 55).

processual,[108] ou as da sistemática introduzida pela Lei 11.232/2005, em que a sentença com a eficácia condenatória típica se enfraquece, já que o efeito predominante é o executivo, e o cumprimento da sentença é levado a efeito na mesma relação processual.

2.2.5. Eficácia mandamental

A sentença mandamental é caracterizada por uma ordem para coagir o réu. Nela há *imperium*. Com ela se quebrou o dogma da incoercibilidade da vontade do particular por parte do Estado. Funda-se no §4º do art. 461 do CPC.[109]

Não é apenas ato destinado ao cumprimento da ordem pela autoridade destinatária,[110] mas atinge aos particulares igualmente. O Estado possui tanto *jurisdictio* (para resolver a lide) quanto *imperium* (para efetivar comandos que são decorrentes da própria natureza dessa função pública).[111]

A essência da eficácia mandamental não está na qualidade do sujeito passivo da ordem, mas no próprio núcleo da sentença, que irradia efeitos próprios do caráter estatal.[112]

Portanto, não é ato mediato, a exemplo do ato executivo do juiz anunciado pela sentença condenatória (típica), mas sim imediato, já que junto, imediatamente. Tampouco é ato incluso como o da sentença constitutiva.[113] Por isso que na sentença mandamental o juiz nada constitui, *manda*.

Ou seja, *é a que se completa por ato não definível como executivo*.[114] Em ambos os casos, executiva e mandamental, há transformação da realidade, contudo, a distinção entre ambas é clara. No primeiro caso, o ato é originariamente privado, em que o juiz se substitui ao demandado; já no segundo, o ato é de essência estatal e não poderia, portanto, ser praticado por particular; ainda que antes do surgimento do Estado (demonstrando sua natureza).

Explicação sobre a eficácia mandamental, inclusive cotejo com a eficácia condenatória e com a eficácia executória, é feita por Ovídio A. Baptista da Silva, que afirma:

> Enquanto pela demanda declaratória pede-se que o juiz afirme a *existência* ou a *inexistência* de uma relação jurídica, ou, excepcionalmente, de um fato (autenticidade

---

[108] TESHEINER, José Maria. *Eficácia da sentença e coisa julgada no processo civil*. São Paulo: RT, 2001, p. 56.

[109] MARINONI, Luiz Guilherme; ARENHART, Sérgio Cruz. *Manual do processo de conhecimento*. 5. ed. São Paulo: RT, 2006, p. 429.

[110] GOLDSCHMIDT, James. *Derecho procesal civil*. Espanha, Madrid: Editorial Labor, 1936, § 25ª, p. 113-115.

[111] ASSIS, Araken de. *Cumulação de ações*. 4. ed. São Paulo: RT, 2002, p. 99.

[112] Ibidem.

[113] MIRANDA, Pontes de. *Tratado das ações*. T. 1, São Paulo: Bookseller, 1998, p. 224.

[114] TESHEINER, José Maria. *Elementos para uma teoria geral do processo*. São Paulo: Saraiva, 1993, p. 151.

ou falsidade de um documento); enquanto pela demanda constitutiva, postula-se uma sentença pela qual o juiz crie, modifique, ou extinga determinada relação jurídica, e pela sentença condenatória, o juiz se limite a condenar o demandado, sujeitando-o à atividade executória, pelo Estado, nessas três espécies de sentenças que compõem o chamado *processo de conhecimento*, a atividade jurisdicional circunscreve-se ao plano do pensamento, não contendo a sentença, senão apenas indiretamente, qualquer efeito capaz de transformar a realidade fática. Já no caso da sentença executiva, como vimos, o efeito que permite essa transformação do mundo fenomênico é *interno* à demanda e está, por isso mesmo, contido no pedido inicial da ação. [...] corresponde sempre a uma atividade privada que devera ser realizada pelo demandado e que, ante a omissão deste, é executada pelo juiz. Trata-se, como a doutrina unanimemente reconhece, de atividade transformadora da realidade, realizada *contra o obrigado*. Entretanto, a transformação do mundo dos fatos que a atividade jurisdicional pode provocar nem sempre corresponde a uma atividade privada, e nem sempre é realizada contra o obrigado. O direito moderno conhece, como aliás o conhecia o direito romano, inumeráveis hipóteses de atividade jurisdicional nas quais o juiz, ao invés de condenar, emite uma ordem para que se faça ou se deixe de fazer alguma coisa, ordem essa que se origina da própria estatalidade da função jurisdicional e nada tem a ver com a atividade privada do demandado. Tal o resultado, por exemplo, de uma ação de mandado de segurança, ou de uma ação de manutenção de posse.[115]

2.3. Eficácia direta, eficácia reflexa e efeitos anexos da sentença

Embora sem intenções de aprofundamento, posto que tormentosa a discussão doutrinária, o exame da eficácia direta e da eficácia reflexa da sentença pode ser útil ao debate futuro, quando houver questionamento com relação aos limites subjetivos da coisa julgada e aos efeitos diretos e reflexos da sentença proferida em uma ação civil pública, dentro da proposta aqui debatida.

Destaca Ovídio A. Baptista da Silva que as sentenças podem ter múltiplas eficácias "[...] a imutabilidade que protege a decisão jurisdicional, identificável com a coisa julgada material, só se refere ao efeito declaratório da sentença, jamais atingindo os terceiros que não participaram do processo".[116]

Não se pode estender aos "terceiros ou a algumas categorias de terceiros a autoridade da coisa julgada, a qual é limitada por norma de lei somente às partes e aos seus sucessores posteriores à demanda judicial" (aqui entendido aqueles que a relação jurídica tenha sido deduzida legitimamente por um substituto processual).[117]

---

[115] SILVA, Ovídio A. Baptista da. *Sentença e coisa julgada (ensaios e pareceres)*. 4. ed. Rio de Janeiro: Forense, 2003, p. 78-79.
[116] Idem, p. 81.
[117] LIEBMAN, Enrico Tullio. *Eficácia e autoridade da sentença e outros escritos sobre a coisa julgada*. 3. ed. Rio de Janeiro: Forense, 1984, p. 122.

Deve ser lembrado que o processo não é apenas uma tutela de direito subjetivo, concedida apenas ao seu titular, mas tutela exercida para a atuação e garantia do direito objetivo para satisfazer interesse público e geral. A sentença desde quando recebe a eficácia estatal, de sua qualidade pública, como ente soberano, faz inexplicável o pensar que sua validade ficasse restrita a um e não a todos, como formulação do Estado no caso concreto.

> A sentença, como ato *autoritativo* ditado por um órgão do Estado, reivindica naturalmente, perante todos, seu ofício de formular qual seja o *comando* concreto da lei ou, mais genericamente, a vontade do Estado, para um caso determinado. As partes, como sujeitos da relação a que se refere a decisão, são certamente as primeiras que sofrem a sua eficácia, mas não há motivo que exima os terceiros de sofrê-la igualmente. Uma vez que o juiz é o órgão ao qual atribui o Estado o mister de fazer atuar a vontade da lei no caso concreto, apresenta-se a sua sentença como eficaz exercício dessa função perante todo o ordenamento jurídico e todos os sujeitos que nele operam. Certamente, muitos terceiros permanecem indiferentes em face da sentença que decidiu somente a relação que em concreto foi submetida ao exame do juiz; mas todos, sem distinção, se encontram potencialmente em pé de igualdade de sujeição a respeito dos efeitos da sentença, efeitos que se produzirão efetivamente para todos aqueles cuja posição jurídica tenha qualquer conexão com o objeto do processo, porque para todos contém a decisão a atuação da vontade da lei no caso concreto.[118]

Ovídio A. Baptista da Silva entende por "eficácia direta da sentença (eficácia natural)"[119] todas as eficácias que sejam imanentes à própria sentença, como virtualidades da demanda de que elas resultam". Explica que os efeitos diretos atingem tanto as partes como os terceiros e nada têm a ver com o fenômeno da coisa julgada.[120] Os efeitos diretos da sentença são sempre *erga omnes*, já que os terceiros (pessoas que não participaram da lide ou não possuem relação com o objeto) devem respeitar e reconhecer a decisão judicial (norma do caso concreto), ato que possui a particularidade de emanar da vontade soberana do Estado.

Já a *eficácia reflexa* está limitada a um campo de abrangência reduzido, próximo da relação jurídica que constitui objeto da decisão. Os efeitos reflexos apanham aqueles terceiros que tenham vinculação jurídica com o objeto do primeiro processo, ou seja, com a relação controvertida na causa, sob a forma de um vínculo de *prejudicialidade-dependência*. Decorre essa peculiaridade essencial, de repercussão da sentença na esfera jurídica de terceiro, não de previsão legal, mas de circunstância acidentais que colocam determinados sujeitos, chamados pela doutrina de *terceiros juridicamente interessados,* numa relação de dependência

---

[118] LIEBMAN, Enrico Tullio. *Eficácia e autoridade da sentença e outros escritos sobre a coisa julgada*. 3. ed. Rio de Janeiro: Forense, 1984, p. 123.

[119] Terminologia adotada por Liebman. LIEBMAN, Enrico Tullio. *Eficácia e autoridade da sentença e outros escritos sobre a coisa julgada*. 3. ed. Rio de Janeiro: Forense, 1984, p. 121.

[120] SILVA, Ovídio A. Baptista da. *Sentença e coisa julgada (ensaios e pareceres)*. 4. ed. Rio de Janeiro: Forense, 2003, p. 83.

jurídica relevantemente à relação que fora objeto da sentença *inter alios*[121] (entre outros). Os efeitos reflexos não são extensões dos limites subjetivos da coisa julgada.

Embora longa, a lição de Ovídio A. Baptista da Silva sobre a distinção entre eficácia direta e eficácia reflexa, transcreve-se:

> A, locador do prédio X, propõe, vitoriosamente, ação de despejo contra seu inquilino B, sob fundamento de falta de pagamento de *aluguéis*. C, subinquilino regular de B, sofrerá os efeitos do despejo (efeito executivo), na medida em que, caindo a locação, cairá automaticamente a sublocação [...], salvas, naturalmente, as eventuais exceções ao princípio determinadas por leis emergenciais, que, no caso, não interferem com o problema. Por sua vez, o fiador D do inquilino nada sofrerá, em sua esfera jurídica, relativamente ao pressuposto para o despejo e que constituiu fundamento (*causa petendi*) para a procedência da ação, ou seja, a verificação da existência do débito, de modo que o locador A pudesse utilizar contra o fiador D a sentença obtida em sua ação de despejo contra B, exigindo-lhe o pagamento dos aluguéis devidos, sem que o fiador pudesse defender-se rediscutindo esse ponto da existência ou não do débito. Outros terceiros, E, F, ou G, há de sofrer certas influências decorrentes do julgado que, certamente, nada terão a ver com a coisa julgada e nem mesmo com os *efeitos reflexos*. Esses terceiros, chamados *terceiros juridicamente indiferentes* (aliás, como mostra Carnelutti, não existe propriamente, uma categoria de terceiros que sejam efetivamente indiferentes ao julgado) (*Derecho y Proceso*, p. 315), hão de sofrer, até mesmo com maior intensidade – eis que nada poderão fazer contra tais efeitos (diretos) que, inexoravelmente, os atingem –, as eventuais eficácias *internas* da sentença.[122]

Ensina Pontes de Miranda que a diferença entre os efeitos anexos e os reflexos, aos que ele chamaria de *conexos* não fosse a acepção técnica e incomum do termo *conexão*, "está em que a lei, quanto àqueles, intencionalmente os cria, ocorrendo certas circunstâncias relativas aos bens da vida, e, quanto a esses, é a vida que os cria, devido à entremistura das incidências das leis".[123] Concluí que "a nexidade é comum àqueles e a estes: ali, propositada; aqui, ocasional".[124]

Com razão, afirma Enrico Tullio Liebman que nem sempre haverá coincidência entre a *extensão subjetiva da eficácia da sentença* e da *autoridade (limites subjetivos) da coisa julgada*, podendo existir limites subjetivos diversos.[125] Pontes de Miranda diz que a coisa julgada material só opera, "juridicamente, entre partes; como fato, a sentença tem eficácia física, que está abaixo do tecido relacional

---

[121] LIEBMAN, Enrico Tullio. *Eficácia e autoridade da sentença e outros escritos sobre a coisa julgada*. 3. ed. Rio de Janeiro: Forense, 1984, p. 85-86.

[122] SILVA, Ovídio A. Baptista da. *Sentença e coisa julgada (ensaios e pareceres)*. 4. ed. Rio de Janeiro: Forense, 2003, p. 86.

[123] MIRANDA, Pontes de. *Tratado das ações*. T. 1, São Paulo: Bookseller, 1998, p. 233.

[124] Ibidem.

[125] LIEBMAN, Enrico Tullio. *Eficácia e autoridade da sentença e outros escritos sobre a coisa julgada*. 3. ed. Rio de Janeiro: Forense, 1984, p. 121.

do mundo jurídico. Todos os credores de B podem ser prejudicados, no terreno dos fatos físicos, pela sentença na ação de A contra B".[126]

Por essa breve exposição é fácil perceber que o conhecimento das eficácias e de suas preponderâncias na sentença facilita a compreensão não somente para determinar o que se busca em juízo, o bem da vida, considerando uma fase pré-processual a indicar o que a parte busca, mas para clarear o que se deseja obter do Poder Judiciário, quais as eficácias e os efeitos, em relação às partes e aos terceiros.

---

[126] MIRANDA, Pontes de. *Tratado das ações*. T. 1, São Paulo: Bookseller, 1998, p. 227.

3. Coisa julgada

A coisa julgada é instituto secular, de origem cultural, arraigado desde as civilizações antigas de forma principiológica.

Na Grécia, já existia uma forma primitiva de *res judicata*. Em 355 a. C., por exemplo, Demóstenes já preconizava que as leis proibiam um homem de ser julgado duas vezes sobre o mesmo assunto, ainda que fosse uma ação civil.

No *Corpus Juris Civilis* de Justiano essa máxima foi codificada, embora restrita a crimes – "o governador não deve permitir que a mesma pessoa possa ser novamente acusada de crime pelo qual foi absolvido".

Sobreviveu à deterioração das tradições jurídicas Greco-Romanas em face do Direito Canônico, que proclamava que Deus não castiga duas vezes pelo mesmo crime e que as pessoas julgadas pelo direito canônico não poderiam ser julgadas pelos Tribunais do Rei.

> While the precise origin of the protection against double jeopardy is unclear, it is certain that the notion is very old. The Greeks apparently treated the concept as part of a primitive form of res judicata. In 355 B.C., Demosthenes stated, "the laws forbid the same man to be tried twice on the same issue, be it a civil action, a scrutiny, a contested claim, or anything else of the sort". 1 Demosthenes 589 (Vance trans. 1962). Justinian's Corpus Juris Civilis recognized the special applicability of the principle to criminal proceedings through the maxim that "the governor should not permit the same person to be again accused of crime of which he has been acquitted". 11 Scott, The Civil Law 17 (1932). Similarly, canon law early declared that "there shall not rise up a double affliction", a precept which was apparently based on the notion that God does not punish twice for the same offense. Bartkus v. Illinois, 359 U.S. 121, 152 n. 4, 79 S.Ct. 676, 3 L.Ed.2d 684 (1959) (Black, J., dissenting). The related principle that clerics could not be punished in the king's courts after having been tried under canon law was a major source of the dispute between Becket and Henry II; Becket ultimately prevailed, albeit posthumously. 1 Pollock and Maitland, A History of English Law 448-49 (2d ed.1899). In the thirteenth century, as Bracton reports, the bar against multiple prosecutions assumed a rather grim urgency. Since many criminal offenses were tried by battle between the wronged party and the alleged offender, it was evident that a series of prosecutions would ultimately produce a "conviction" against all but the hardiest combatants, if enough "appealors" were willing to try their hands at the case. Once the defendant had endured one such trial for "one deed and one wound", Bracton wrote, "he will depart quit against all, also as regards the king's suit, because he thereby

proves his innocence against all, as though he had put himself on the country and it had exonerated him completely". 2 Bracton, On the Laws and Customs of England 391 (Thorne trans. 1968).[127]

Esse princípio para a estabilidade social, mais tarde, ficou conhecido como *non bis in idem*,[128] que em tradução livre representa "não duas vezes pelo mesmo", ou em francês *autrefois acquit* (já perdoado) ou ainda, em inglês, *double jeopardy* (duplo perigo), que é uma forma de exceção, em defesa, utilizada nos procedimentos legais; geralmente na esfera criminal.[129] [130]

A *doutrina da estabilidade do Estado* foi a concebida por Cícero, em um dos seus discursos conhecidos historicamente como "Pro Sylla". No dizer do orador romano, o interesse público e o próprio interesse do Estado sobrepujam o do particular com o instituto que visa principalmente a não eternização da demanda; evitando-se estimular paixões sempre perniciosas ao interesse social.[131]

Hoje não há como falar em coisa julgada sem a presença conceitual da jurisdição.[132] Sem maiores divergências na doutrina em relação à sua finalidade, o instituto da coisa julgada serve para estabilizar as relações sociais, por meio da segurança jurídica conferida ao caso em que foi prestada a tutela jurisdicional, independentemente de ter sido justa[133] (em sentido estrito)[134] a decisão, como

---

[127] Extraído do caso: *Estados Unidos da América (apelante) x Ronald S. JENKINS (apelado). in* The Federal Reporter, Vol.490, 2. ed. December 1973 – January 1974. Disponível em <http://ftp.resource.org/courts.gov/c/F2/490/>. (caso 490F.2d.868 ou link direto: <http://ftp.resource.org/courts.gov/c/F2/490/490.F2d.868.73-1572.79.html>). Acesso em: 09 out. 2010.

[128] PORTO, Sérgio Gilberto; MATTE, Mauricio. NE BIS IN IDEM: eficácia negativa da decisão independente de coisa julgada. In: *Revista Brasileira de Direito Processual – RBDPro*, Belo Horizonte, ano 19, n. 75, p. 169-194, jul./set.2011.

[129] Por exemplo, um réu poderia alegar-se inocente ou culpado, por meio do *autrefois acquit* (já absolvido/desculpado) ou *autrefois convict* (já condenado), evitando nova demanda. Disponível em <http://pt.wikilingue.com/es/Non_bis_in_idem>. Acesso em: 25 set. 2010.

[130] Na Inglaterra e no País de Gales, o princípio foi relativizado em 2005, abandonando uma tradição de aproximadamente 800 anos. A partir do caso Julie Hogg o Tribunal de Recurso poderá anular absolvição, ordenando novo julgamento. Tal somente será possível, contudo, com base em novas e fortes provas (*v.g.*, DNA positivo), testemunhas ou confissão. *Double jeopardy law ushered out*. Disponível em <http://news.bbc.co.uk/2/hi/uk_news/4406129.stm>. Acesso em: 25 set. 2010.

[131] CAMPOS, Antônio Macedo de. *Ação rescisória de sentença*. São Paulo: Sugestões literárias, 1976, p. 52.

[132] MORAES, Paulo Valério Dal Pai. *Conteúdo interno da sentença: eficácia e coisa julgada*. Porto Alegre: Livraria do Advogado, 1997, p. 22.

[133] Questão que parece não diferir ainda que em sistemas diversos do brasileiro como o da *common law*: "Whether the scope of the rules of res judicata is relatively narrow (as it formerly was) or relatively broad (as it has become), the social objectives of the rules have remained much the same. *They recognize that the purpose of a lawsuit is not only to do substantial justice of the court have stability and certainty*. This is true not only so that the parties and others may rely on them in ordering their practical affairs (such as borrowing or lending money, or buying property) and thus be protected from repetitive litigation, but also so that the moral force of court judgements will not be undermined." (destacamos). (JAMES JR, Fleming; HAZARD JR, Geoffrey; LEUBSDORF, John. *Civil Procedure*. 5th Edition, New York: Foundation Press, 2001, p. 675).

[134] Como exemplificam LAZARI e AMARO DE SOUZA – "Assim, às vezes, diante de um deslize do litigante em sua empreitada na busca pela verdade, como a ausência de um documento ou a perda de um prazo, o Estado-Juiz profere decisão que não reflete o real direito daquele, mas mesmo assim esta decisão terá sido

resultado de repulsa à eternização das demandas, desde que atendidos os propósitos processuais e constitucionais.

Por isso afirma Antônio Gidi que o instituto é "criação do homem para facilitar e ordenar a vida em sociedade". É meio para obtenção de fins, e não como fim em si mesmo; existindo inúmeras "teorias que investigam a fundamentação jurídica do instituto em questão: presunção de verdade, ficção de verdade, extinção da obrigação jurisdicional etc.",[135] algumas aqui abordadas sucintamente a que a doutrina dividiu em doutrinas materialistas e processualistas.

A teoria *da presunção da verdade* tem suas raízes nos textos de Ulpiano, desenvolvendo-se por intermédio do Direito Frances, de fixação no Código de Napoleão, pela mão de Pothier. Tal teoria via na autoridade da coisa julgada uma presunção de verdade que estava contida na sentença, presunção *iuris et de iure*. Os seguidores desta teoria entendiam que pelo processo se buscava a verdade, contudo, como essa nem sempre poderia ser alcançada para embasar a decisão final, já que os fatos reconstruídos no processo nem sempre são certos, verdadeiros ou definidos, a sentença conteria não uma verdade, mas uma presunção de verdade.[136]

É considerada como divisor entre a antiga e a nova doutrina sobre a coisa julgada a teoria da *ficção da verdade*, atribuída ao magistério de Savigny. Analisou o autor que da ponderação entre possíveis prejuízos e o mal maior da incerteza, de perpetuação indefinida, deveria prevalecer a *força legal* da sentença que conteria exatamente um *ficção de verdade*, encerrando em seus termos, ainda que injusta a sentença, a discussão. Seria, portanto, a aparência tida como verdade, ainda que verdade não fosse; produzindo a sentença uma verdade artificial para evitar a perpetuação do litígio.[137]

A teoria da *força legal e substancial da sentença*, atribuída a Pagenstecher, tentou equiparar a sentença a um contrato declaratório, no qual a eficácia declaratória contida naquele ato seria sempre constitutiva de direito. O fundamento da coisa julgada estaria no direito novo, por força de lei, criado pela sentença.[138]

Já a teoria da *eficácia da declaração* foi atribuída aos autores alemães, com destaque para Hellwig. O autor partiu de duas classes de sentenças: a que declara uma situação jurídica preexistente e a que modifica situação preexistente.

---

justa, vez que um pronunciamento final deve estar isento de benevolências ou malevolências quanto à falha que o ensejou. Caso contrário, estar-se-ia manchando a imparcialidade do órgão julgador." (LAZARI, Rafael José Nadim de; AMARO DE SOUZA, Gelson. *Exegese sobre a "relativização" da coisa julgada: o que há por trás desta tendência? In* Revista Jurídica, n.386/35).

[135] GIDI, Antônio. *Coisa julgada e litispendência em ações coletivas*. São Paulo: Saraiva, 1995, p. 5.

[136] MORAES, Paulo Valério Dal Pai. *Conteúdo interno da sentença. Eficácia e coisa julgada*. Porto Alegre: Livraria do Advogado, 1997, p. 24.

[137] Idem, p. 24-25.

[138] Idem, p. 25-26.

No segundo caso, ainda que a sentença contenha implicitamente a afirmação da existência do direito à modificação, o conteúdo imediato e característico, ao transitar em julgado, realiza o direito, exaurindo-se. Apresenta, assim, a eficácia constitutiva que realiza modificação jurídica em face de todos, embora a declaração valesse para as partes. Para Hellwig, o particular efeito só ligado ao elemento declaratório da sentença estava na indiscutibilidade ou incontestabilidade de que se reforça a declaração a partir do trânsito em julgado, tornando vinculativa a decisão a todos os juízes; que seria a coisa julgada material para o autor.[139]

Para formar a teoria da extinção *da obrigação jurisdicional*, partiu Ugo Rocco de uma concepção eminentemente processual, justificando sua construção como o momento em que o Estado adimpliu sua obrigação de prestar jurisdição, desde que concedido o direito ao contraditório das partes. Como fundamento da coisa julgada estaria a extinção do direito de ação, vedada a movimentação da máquina estatal já que adimplida sua obrigação. Contudo o enfoque é insuficiente (já que apenas processual) não resolvendo questões substanciais.[140]

Para Chiovenda, autor da teoria da *vontade do Estado*, a sentença como ato do Juiz e como ato do Estado, nada mais é do que um parecer para o último caso, no qual consta um raciocínio sobre aspectos fáticos, técnicos e jurídicos, não vinculando senão por decorrência legal que atribuísse a esta conclusão o poder de ditar um comando, que seria a expressão da vontade do direito no caso concreto. Por isso coisa julgada para a teoria está atrelada à sentença de mérito, que é a que reconhece um bem da vida a uma das partes. A sentença expressaria a vontade da lei ao caso concreto, ou seja, a vontade do Estado. Seu fundamento está na autoridade da coisa julgada como vontade do Estado, que atribui à sentença a qualidade de ato estatal, irrevogável e de força obrigatória.[141]

A teoria de Carnelutti trabalha a sentença como contendo um comando complementar com o qual se completa a eficácia da norma legal. Difere da teoria de Chiovenda, pois a vontade expressa na sentença não seria a vontade da lei, mas a vontade imediata do juiz (e mediata da lei, que serve de norte). A imperatividade da decisão judicial decorreria do fato de ser o ato do juiz um ato estatal que decorreria de maneira mediata da lei, mas imediatamente do juiz.[142]

Por fim, a teoria de Liebman esclarece que a coisa julgada não é efeito da sentença, mas uma qualidade que a torna imutável (o comando). Sua doutrina,

---

[139] MORAES, Paulo Valério Dal Pai. *Conteúdo interno da sentença. Eficácia e coisa julgada.* Porto Alegre: Livraria do Advogado, 1997, p. 26-27.
[140] Idem, p. 27-29.
[141] Idem, p. 30-31.
[142] Idem, p. 31.

que foi amplamente adotada, inclusive no ordenamento brasileiro, será vista adiante.[143]

Embora presentes liames entre as doutrinas, o debate sobre o instituto da coisa julgada sempre sofreu, durante séculos, várias *nuances*, já que inexistente teoria única para todos os ramos do processo judicial e todos os ramos da jurisdição.

E a problemática se renova, abrindo-se o debate por meio do presente trabalho, especialmente em face das novas necessidades que os direitos de terceira dimensão (interesses e direitos difusos, coletivos *stricto sensu* e individuais homogêneos) fizeram infiltrar na sistemática processual com raízes individualistas.

3.1. No plano político: como garantia constitucional

Quando o Brasil retornou ao Estado democrático de direito, com a promulgação da Constituição Federal de 1988, foi possível observar que o legislador constituinte fez clara opção por uma linha ideológica-legislativa no qual, dentre as inúmeras garantias que lá estão positivadas, está a da coisa julgada.

Esculpido no art. 5º, inciso XXXVI, da Constituição Federal, o instituto de tradição secular que já ocupava a doutrina processual no plano infraconstitucional, foi erigido ao plano constitucional. Agora, positivado como garantia constitucional, leva aos indivíduos no plano judicial, por sua própria essência, uma previsibilidade mínima de segurança, de clareza política e de direito; previsão que tem por escopo a obtenção da estabilidade das relações jurídico-sociais.

Serve de garantia à liberdade dos indivíduos ainda que convivam coletivamente, sendo, portanto, instituto basilar do Estado democrático de direito, da democracia.

"Essa garantia de estabilidade é anseio não somente da parte vencedora, como também da parte vencida e da população como um todo, que precisa movimentar o comércio e as relações jurídicas em geral com estabilidade e segurança".[144] Por isso, afirmam Fleming James Jr., Geoffrey C. Hazard Jr. e John Leubsdorf que: "it seems clear that the adjudicative process would fail to serve its social and economic functions if it did not have this minimal effect".[145]

Posição acompanhada por Richard D. Freer, que no mesmo sentido afirma ser instituto que evita repetição de atos, produz pacificação social,

---

[143] MORAES, Paulo Valério Dal Pai. *Conteúdo interno da sentença. Eficácia e coisa julgada*. Porto Alegre: Livraria do Advogado, 1997, p. 31-32.

[144] GIDI, Antônio. *Coisa julgada e litispendência em ações coletivas*. São Paulo: Saraiva, 1995, p. 8.

[145] JAMES JR., Fleming; HAZARD JR., Geoffrey; LEUBSDORF, John. *Civil Procedure*. 5th Edition, New York: Foundation Press, 2001, p. 674.

além de ser um meio de assegurar às partes, de forma suficiente, o seu "dia na corte".[146]

> While the rules of claim and issue preclusion can be trated rather mechanically, it is important to realize that these are not just procedural technicalities. Several closely related and important policies support these doctrines. First, there is a legitimate interest in *finality*. At some point, litigation must be declared finished. It is not productive for the parties or for society to allow serial relitigation of a claim already asserted or an issue already decided by a competent court. Second, at some point a defendant has a right to *repose* – to know that she cannot be sued repeatedly on the same claim. Third, there is an interest in *consistency*. If the same issue were to be relitigated several times, there is a chance that it would be resolved differently in different cases – one jury might find that the defendant was driving her car recklessly while another jury, determining the same issue, might find to the contrary. Such inconsistency may erode the public's confidence in the judicial system by making that system seem more like a lottery than an orderly mechanism for resolving disputes. Fourth, the community has a legitimate interest in *efficiency*. Litigation is publicly funded dispute resolution, and the public has a right to expect that the resources of the judicial system not be wasted. The use of preclusion reflects confidence in the judicial system – one opportunity to litigate a claim or an issue suffices to ensure each party of her "day in court".[147]

É nesse estado, de participação ativa da sociedade, emanado do primeiro comando da Constituição Federal, de polimorfismo e difusionismo sociais, de opção político-ideológica, que o Estado deve assegurar os direitos fundamentais em seus aspectos formal, enquanto insertos no ordenamento constitucional, e material, enquanto reflexo de valores socialmente relevantes; que são exigências de realização social.

O Estado Democrático de Direito, ou melhor, o atual Estado Constitucional[148] de Direito, é organização jurídica do poder; poder que emana do povo e como tal deve estar assentado em princípios basilares. Por isso a coisa julgada é um dos seus pilares.

Sua inobservância resulta em vício de inconstitucionalidade, já que a Constituição Federal é fonte originária de direito no sistema brasileiro,[149] inclusive com parte da doutrina defendendo, para esses casos, a decretação da nulidade da decisão[150] por meio de uma *cláusula geral de revisão*.

---

[146] The opportunity afforded an individual to have a claim litigated in a judicial setting. A person is said to have his or her day in court when he or she is given notice to appear and has the opportunity to defend his or her rights, seek relief, or set forth his or her claims. When someone has had his or her day in court with reference to a particular matter, that individual will generally be prevented from relitigating the claim in a subsequent action unless grounds exist that warrant an appeal of the matter. The Free Dictionary. (legal). Disponível em <http://legal-dictionary.thefreedictionary.com/day+in+court>. Acesso em: 15 dez. 2011.

[147] FREER, Richard D. *Civil procedure*. 2nd. New York: Aspen Publishers, p. 532.

[148] Terminologia adotada para indicar o atual estágio de constitucionalização do direito e da proteção de garantias constitucionais, direitos de terceira dimensão, dentro do Estado Democrático de Direito.

[149] PORTO, Sérgio Gilberto. *Coisa Julgada Civil*. 3. ed. São Paulo: RT, 2006, p. 57.

[150] Ver, por exemplo, a posição de NASCIMENTO, Carlos Valder do (coord.). *Coisa julgada inconstitucional*. 4. ed. Rio de Janeiro: América Jurídica, 2003.

A garantia constitucional da coisa julgada é caracterizada pelo fato de que quando um jurisdicionado vai a juízo em busca da tutela jurisdicional, não o faz desamparado, já que "o Estado lhe outorga certas garantias" conhecidas como "constitucional-processuais" ou também chamadas de "princípios constitucional-processuais, consagrando uma idéia clara de *cidadania processual*".[151]

A previsão constitucional não serve apenas (como defende parte da doutrina) de limitação ao legislador infraconstitucional para que não suprima a coisa julgada formada (irretroatividade das leis), não podendo, portanto, desrespeitá-la, mas igualmente como garantia individual (estabilidade à tutela jurisdicional obtida pelo jurisdicionado) e como garantia institucional objetiva (posto que "prestigia a eficiência e a racionalidade da atuação estatal, que desaconselham, em regra, a repetição de atividade sobre um mesmo objeto").[152]

> A coisa julgada obviamente não é mera regra de processo. Ademais, embora certamente protegida pela Constituição, ela é muito mais do que um princípio constitucional. Trata-se de uma regra indispensável à existência do discurso jurídico e, por conseguinte, ao exercício da própria jurisdição.[153]

Portanto, não há como compreender uma ordem jurídica democrática, de um Estado Constitucional, brasileira ou de outros Estados de idêntica opção ideológica, política e jurídica, onde há previsão dessas garantias constitucionais, tendo o Estado ou mesmo o réu que se sujeitar, indefinidamente, a repetição de atos com identidade tríplice e que tenham sido devidamente apreciados.

Todavia, não há como arredar o fato de que os demais direitos e garantias fundamentais que a Constituição Federal prevê, cria um manto protetor em determinadas situações que faz sobrelevar as relações sociais tomadas em sua dimensão coletiva.

Talvez por um novo viés, a busca pela estabilidade social deve permanecer, contudo, em bases renovadas pela evolução difusionista, tão referida ao longo do introito.

Embora a ponderação de princípios constitucionais, forma que vem sendo adotada para "flexibilizar" a coisa julgada, seja uma das soluções para evitar o efeito nocivo da coisa julgada, as possibilidades discricionárias daí advindas, no entanto, não aparentam ser a melhor solução, razão pela qual o presente trabalho busca uma solução legal estrita para a revisão das decisões em ações civis públicas, a partir de uma interpretação sistemática das premissas fáticas, naturais e jurídicas.

---

[151] PORTO, Sérgio Gilberto. *Cidadania Processual e Relativização da Coisa Julgada*. Revista Síntese de Direito Civil e Processual Civil, São Paulo, v. 4, p. 5-13, 2003.

[152] TALAMINI, Eduardo. *Coisa Julgada e sua Revisão*. São Paulo: RT, 2005, p. 51 e 52.

[153] MARINONI, Luiz Guilherme. *Coisa Julgada inconstitucional*. 2. ed. São Paulo: RT, 2010, p. 56.

3.2. No plano infraconstitucional da jurisdição singular

No plano infraconstitucional, a coisa julgada está prevista, dentre outros dispositivos, na Lei de Introdução ao Código Civil brasileiro (LICC), art. 6º, *caput*, que dispõe que: "A lei em vigor terá efeito imediato e geral, respeitados o ato jurídico perfeito, o direito adquirido e a coisa julgada" e, em seu § 3º, conceitua legalmente sua faceta formal, como veremos, versando que "chama-se coisa julgada ou caso julgado a decisão judicial de que já não caiba recurso".

Além da Lei de Introdução ao Código Civil brasileiro, o Código de Processo Civil preceitua na sua Seção II do Capítulo VIII, no qual o art. 467 conceitua a coisa julgada material: "Denomina-se coisa julgada material a eficácia, que torna imutável e indiscutível a sentença, não mais sujeita a recurso ordinário ou extraordinário".

Muito criticado pela doutrina, o dispositivo utiliza orientação diversa da corrente *liebmaniana* ao confundir elementos do instituto (qualidade e eficácia) na disposição conceitual-legal contida no diploma; o que será adiante esclarecido.

Já vimos que a atual Constituição Federal gera uma barreira em nível legislativo, impedindo o desrespeito da coisa julgada formada.

Assim, o legislador ordinário está impossibilitado de alterar o conteúdo de uma decisão jurisdicional, após a formação da coisa julgada, já que a legislação infraconstitucional esbarra na garantia constitucional da segurança que impede a alteração, como visto alhures, da lei do caso concreto por legislação posterior. Também, pela amplitude de sua incidência, os atos do Poder Executivo e do próprio Judiciário devem respeitar, por regra, a estabilidade conferida pela tutela estatal às relações jurídicas conflituosas.

3.3. Elementos da coisa julgada

Embora tenham sido visitados os fundamentos políticos e jurídicos da coisa julgada, não há como atingir a proximidade de uma definição ou mesmo melhor compreender seus fundamentos, especialmente para fins de estabelecer os supedâneos do presente trabalho, sem ter conhecimento dos elementos que a formam; os quais, a partir de agora, são analisados.

3.3.1. Coisa julgada em seus aspectos formal e material

A coisa julgada formal é caracterizada pela impossibilidade de a sentença sofrer interposição de recurso, de ser impugnada, denominada também de preclusão máxima.

Quando se esgota a possibilidade de instância imediatamente superior (*v.g.*, Tribunais Estaduais) ou mesmo extraordinariamente às Cortes Superiores (*v.g.*, Supremo Tribunal Federal), se manifestarem sobre a decisão proferida, em face de não provocação da parte insatisfeita (quer por preclusão, quer por renúncia da faculdade recursal) ou por já restar decidida a demanda em última instância (com trânsito em julgado), está presente a coisa julgada formal.

Para Ovídio A. Baptista da Silva, é a "estabilidade relativa, através da qual, uma vez proferida a sentença e exauridos os possíveis recursos contra ela admissíveis, não mais se poderá modificá-la *na mesma relação processual*".[154]

Para José Maria Tesheiner, é quando "a sentença, não mais sujeita a recurso ordinário ou extraordinário, transita formalmente em julgado. Há imutabilidade restrita ao processo em que se proferiu a sentença".[155]

Tal é própria de todas as sentenças, caracterizada por ficar restrita à demanda que a originou, produzindo, portanto, efeitos endoprocessuais.

No sistema estadunidense, é visível a existência do critério formal da coisa julgada, que se atrela ao julgamento para caracterizá-lo como julgamento final:

> The rules preclude relitigation of a matter previously determined, and a matter has not been "determined" until a judgement has been rendered. It follows that the rules of *res judicata* do not ordinarily operate before a final judgement. Thus, an interlocutory order, which is not ordinarily appealable, would not be treated as a final judgement for purposes of *res judicata*. Similarly, the pendency of a motion that renders a judgement nonfinal for purposes of appeal – (...) – should also arrest the effect of *res judicata* on the judgement.[156]

Já a coisa julgada material, ao contrário, produz efeitos externos, podendo, portanto, se impor perante demandas diversas daquela em que foi originada.

Caracteriza a coisa julgada material o conteúdo substancial da sentença de cognição plena de mérito (que conheceu o *rectius*, o objeto da demanda), transitada em julgado, que adquirirá imutabilidade e/ou indiscutibilidade, a partir da ocorrência da coisa julgada formal (sem a qual ainda poderá sofrer alterações).

Coisa julgada material *é algo mais*. "É imutabilidade do conteúdo da sentença no mesmo ou em outro processo. Essa imutabilidade impõe-se a quem quer que seja: autoridade judicial, administrativa ou mesmo legislativa".[157]

---

[154] SILVA, Ovídio A. Baptista da. *Curso de Processo Civil.* Porto Alegre: Sergio Antonio Fabris Editor, V. I, 1987, p. 416.
[155] TESHEINER, José Maria. *Eficácia da sentença e coisa julgada no processo civil.* São Paulo: RT, 2001, p. 72-73.
[156] JAMES JR., Fleming; HAZARD JR., Geoffrey; LEUBSDORF, John. *Civil Procedure.* 5th Edition, New York: Foundation Press, 2001, p. 677.
[157] TESHEINER, José Maria. *Eficácia da sentença e coisa julgada no processo civil.* São Paulo: RT, 2001, p. 73.

Atos judiciais executivos, decisões interlocutórias, sentença de extinção da demanda sem julgamento de mérito, as que encerram processo executivo, não produzem o fenômeno da coisa julgada material, pois não julgam mérito.

Para José Maria Tesheiner, a coisa julgada material é a "imutabilidade do conteúdo da sentença no mesmo ou em outro processo". Salienta que toda a sentença produz coisa julgada formal, embora somente as sentenças que produzam conteúdo que não "possa ser desprezado ou modificado mesmo em outro processo, em outra ação (exceto a rescisória)" fazem coisa julgada material.[158]

3.3.2. Autoridade e eficácia

Segundo Enrico Tullio Liebman, a autoridade da coisa julgada não se confunde com a eficácia da sentença, tampouco é efeito desta. Para ele, não "se pode, pois, duvidar de que a eficácia jurídica da sentença se possa e deva distinguir da autoridade da coisa julgada"[159] e arremata que a autoridade da coisa julgada "não é efeito da sentença, como postula a doutrina unânime, mas, sim, modo de manifestar-se e produzir dos efeitos da própria sentença, algo que a esses efeitos se ajunta para qualificá-los e reforçá-los em sentido bem determinado".[160]

Ainda que a eficácia imperativa da sentença produza efeitos imediatos, suscetíveis eventualmente a recursos, somente por meio do carimbo da imutabilidade da autoridade da coisa julgada é que os efeitos da decisão terão oponibilidade, em regra, *erga omnes*.

Assim, como já visto anteriormente, tem-se a autoridade da coisa julgada como a capacidade de impor a sentença que produziu resultados eficazes, a todos.

3.3.3. Limites objetivos e subjetivos

Antes de esclarecer o que vem a ser o limite objetivo, importante ressaltar que não se deve confundi-lo com o fenômeno "material" da coisa julgada.

Quando se busca identificar *o que* adquire autoridade de coisa julgada, se está diante dos limites objetivos da coisa julgada, enquanto o fenômeno da coi-

---

[158] TESHEINER. José Maria Rosa. *Elementos para uma teoria geral do processo*. São Paulo: Saraiva, 1993, p. 177.
[159] LIEBMAN, Enrico Tullio. *Eficácia e autoridade da sentença e outros escritos sobre a coisa julgada*. 3. ed. Rio de Janeiro: Forense, 1984, p. 39.
[160] Idem, p. 40.

sa julgada material diz respeito *ao que a projeta* para além dos limites do processo em que a mesma foi proferida.[161]

Para compreensão dos limites objetivos e subjetivos da coisa julgada, necessário se faz abordar a teoria *tria eadem* (ou tríplice identidade), adotada pelo nosso ordenamento (art. 301 do CPC), trazida por Chiovenda, que tem como criador o comendador Matteo Pescatore (Itália, 1864).[162]

Para a teoria referida, duas demandas são idênticas quando possuem três elementos iguais: partes, causa de pedir e pedido. "Sem a presença desses três elementos não há nenhuma demanda, e a mudança de qualquer deles transforma a demanda numa outra diversa".[163]

O pedido é dividido pela doutrina em imediato e mediato. Aquele é a tutela processual visada (provimento jurisdicional), enquanto este é o bem da vida que se almeja (*v.g.*, o reparo do veículo, na ação de indenização de danos materiais).

A causa de pedir é o fundamento. No sistema brasileiro, em que vigora a teoria da substanciação[164], a *causa petendi* é integrada "(i) pela descrição dos fatos que servem de fundamento ao pedido e (ii) pela correlação lógico-jurídica entre os fatos descritos e a consequência jurídica pleiteada. Essas são, respectivamente, a causa fática (ou remota) e a causa jurídica (ou próxima)".[165]

Os limites objetivos[166] estão postos justamente quando há identidade de pedido e causa de pedir. Havendo relação de prejudicialidade entre os pedidos imediatos (*v.g.*, na primeira demanda, condenação e, na segunda, declaração), bem como esteja o pedido mediato da segunda demanda contido no da primeira (*v.g.* pedido de condenação de 1000 improcedente e novo pedido de condenação de 200),[167] há violação dos limites objetivos.

---

[161] PORTO, Sérgio Gilberto. *Coisa Julgada Civil*. 3. ed. São Paulo: RT. 2006, p. 64 e 65.

[162] ARAGÃO, Egas Dirceu Moniz. Conexão e "tríplice identidade". In: *Revista Ajuris*, Porto Alegre, v. 10, n.28, p. 72.

[163] SILVA, Ovídio A. Baptista da; GOMES, Fábio Luiz. *Teoria geral do processo civil*. 4. ed. São Paulo: RT, 2006, p. 251.

[164] "A teoria da individualização sustenta ser bastante – para que se tenha a demanda como adequadamente fundamentada – a afirmação da relação jurídica sobre a qual se estriba a pretensão, constituindo-se, pois a *causa petendi* na relação jurídica ou no estado jurídico afirmado pelo autor em arrimo a sua pretensão [...] a teoria da substanciação exige que o autor substancie – fundamente! – a demanda através de um fato ou de um conjunto de fatos aptos a suportarem a sua pretensão [...] identificando, assim, a causa de pedir como a relação jurídica posta à análise como suporte da pretensão." (PORTO, Sérgio Gilberto. *Coisa Julgada Civil*. 3. ed. São Paulo: RT, 2006, p. 34).

[165] TALAMINI, Eduardo. *Coisa Julgada e sua Revisão*. São Paulo: RT, 2005, p. 72.

[166] "Nas ações individuais, a coisa julgada é restrita ao pedido, não se estendendo à motivação da sentença, nem à apreciação de questão prejudicial (CPC, art. 469). [...] Nas ações coletivas, a eficácia *erga omnes* ou *ultra partes* vincula-se a uma questão de fato ou de direito, que constitui premissa necessária da conclusão, que é coberta pela autoridade de coisa julgada, como efeito anexo da sentença." (TESHEINER, José Maria. *Elementos para uma teoria geral do processo*. São Paulo: Saraiva, 1993, p. 187-188).

[167] TALAMINI, Eduardo. *Coisa Julgada e sua Revisão*. São Paulo: RT, 2005, p. 68 e 69.

A coisa julgada material, somente para fechar raciocínio, está nos limites do pedido e da causa de pedir da demanda apreciada pela sentença sem, contudo, para o bom investigador, prevalecer confusão existente entre os dois institutos.

Os limites subjetivos da coisa julgada determinam *quem*[168] está sujeito à autoridade da coisa julgada que, na visão clássica, diz respeito à determinação de pessoas sujeitas a imutabilidade e indiscutibilidade da sentença que caracterizam a eficácia de coisa julgada material entre as partes às quais é dada, em princípio, não beneficiando nem prejudicando terceiros (regra geral), estando restrita, portanto, às partes.[169]

Na visão tradicional do instituto da coisa julgada, há sua incidência quando existentes os elementos referidos, posto que a variação de qualquer deles, identificadores das "ações", implicará variação de demanda e inexistência de coisa julgada.

No sistema estadunidense,[170] por exemplo, ocorrendo a coisa julgada, o autor fica impedido de propor nova ação que tenha origem na mesma causa de

---

[168] MATTE, Mauricio. *Comentários aos artigos 7º a 13 do Código de Processo Civil: Das partes e dos procuradores*. Disponível em <http://www.tex.pro.br/tex/listagem-de-artigos/200-artigos-nov-2007/5517-comentarios-aos-artigos-7o-a-13-do-codigo-de-processo-civil-das-partes-e-dos-procuradores>. Acesso em: 28 maio 2011.

[169] "A autoridade da coisa julgada, porém, é, de regra, restrita às partes (incluído aí o substituto processual, parte em sentido material) e aos seus sucessores." (TESHEINER, José Maria. *Elementos para uma teoria geral do processo*. São Paulo: Saraiva, 1993, p.187).

[170] "No direito norte-americano, a autoridade e o efeito preclusivo de uma decisão judicial sobre decisões futuras fazem parte do fenômeno denominado *res judicata*. Tradicionalmente, a expressão latina era utilizada para denominar todos os fenômenos relacionados com a coisa julgada. O termo *res judicata* também era utilizado como sinônimo de *claim preclusion* (o equivalente, no Brasil, à coisa julgada material); ao passo que o termo *collateral estoppel* era empregado para denominar o fenômeno da *issue preclusion* (coisa julgada sobre as questões prejudiciais). Recentemente houve avanços em direção à terminologia mais precisa. No *Restatement (Second) of Judgements* adotou-se nova terminologia, utilizando a expressão *res judicata* como termo geral, subdividindo-o em duas espécies: *claim preclusion* e *issue preclusion*. Essa terminologia tem sido bastante utilizada e foi adotada pela Suprema Corte (*Baker v. General Motors Corp.*, 1998). A nova terminologia é mais precisa e clara porque esclarece os dois cenários em que a doutrina da *res judicata* se manifesta: a) quando uma sentença anterior impede um novo julgamento sobre uma "causa" inteira; b) quando uma decisão anterior impede a rediscussão apenas de uma questão em particular. Modernamente, portanto, utilizam-se as expressões *claim preclusion* e *issue preclusion*. Ainda assim, muitos autores alertam para o fato de que a terminologia sobre coisa julgada não é muito uniforme, recomendando aos operadores do direito que fiquem atentos a possíveis ambiguidades, certificando-se do real significado das expressões utilizadas em cada caso concreto. No presente trabalho, adotar-se-á a terminologia moderna, tal como estabelecida pelo *Restatement (Second) of Judgements*. No Brasil, utilizam-se duas expressões para se referir à doutrina da coisa julgada: coisa julgada material, que impede novo julgamento da mesma ação (envolvendo as mesmas partes, mesmo pedido e mesma causa de pedir); e coisa julgada formal, vinculada à simples extinção do processo, por sentença de mérito ou meramente processual, da qual já não caiba recurso. Costuma-se dizer que a coisa julgada formal torna imutável a sentença no processo em que foi proferida, ao passo que a coisa julgada material torna imutável a decisão no mesmo ou em outro processo. O direito norte-americano não utiliza a noção de coisa julgada formal. Robert Millar, em importante estudo comparativo sobre a coisa julgada entre os sistemas de *civil law* e de *common law*, afirma que a coisa julgada material (*substantial res judicata*) significa para eles a *res judicata* em geral, no sentido de imutabilidade da sentença para processos futuros. A *claim preclusion* corresponde, em geral, à "coisa julgada material". A *issue preclusion*, que se pode explicar como a coisa julgada sobre determinada questão decidida em um processo, não tem paralelo no sistema brasileiro atual, mas o Projeto de Código de Processo Civil preten-

pedir, mas com pedido diverso, se poderia e não o fez no momento da proposituras da primeira ação, evitando o fracionamento da ação.

> The term "res judicata" refers to the various ways in which a judgement in one action will gave a binding effect in another. This includes first the effects of the former judgement when the second action proceeds on all or part of the claim that was the subject of the first action. In tradicional terminology, the effects are called "merger" or "bar". In modern terminology both of these effects are called "claim preclusion". The "merger" of plaintiff's claim into a judgement in plaintiff's favor extinguishes the entire claim or cause of action and merges it in the judgement. Thereafter plaintiff's, or, if need be, a new action on the judgement. Plaintiff may no longer sue on the original cause of action or any item of it even if that item was omitted from the original action. The "bar" of a judgement for the defendant extinguishes the entire cause of action or claim, including items of that claim that were not in fact raised in the former action. The Supreme Court has formulated the concept of claim preclusion in this way: "a final judgement on the merits of an action precludes the parties or their privies from relitigating issues that were or could have been raised in that action". The concepts of bar and merger that make up claim preclusion are sometimes referred to as "the rule against splitting a [single] cause of action".[171]

> Issue Preclusion. A second effect, traditionally know as "collateral estoppel", is now called "issue preclusion" to distinguish it from claim preclusion. The effect of issue preclusion is that an issue determined in a first action may not be relitigated when the same issue arises in a later action based on a different claim or demand.[172]

Como visto, mesmo nos sistemas jurídicos diversos, a coisa julgada, embora possa possuir pontos de contato em sua origem, se manifesta com *nuances*.

3.3.4. Limites temporais

A *res in iudicium deducta* é enfrentada pela sentença segundo as condições fáticas e regras jurídicas do momento em que foi deduzido o conflito, sendo necessário delimitar, no tempo, a prevalência da indiscutibilidade da regulação concretamente criada pelo comando do julgado.[173]

O processo de conhecimento consiste em essência na verificação de dados de fato e de direito relevantes para um juízo de certeza a respeito de determinada relação jurídica. Quando se trabalha com normas, fatos e relações

---

de estabelecer instituto similar, como se verá." (PRATES, Marília Zanella. *A coisa julgada no direito comparado: Brasil e Estados Unidos*. Salvador: Jus Podivm, 2001, p. 28-29, no prelo).

[171] JAMES JR., Fleming; HAZARD JR., Geoffrey; LEUBSDORF, John. *Civil Procedure*. 5th Edition. New York: Foundation Press, 2001, p. 675-676.

[172] Idem, p. 676.

[173] THEODORO JÚNIOR, Humberto. Coisa julgada – juros moratórios – execução de sentença – alteração superveniente da taxa legal do juros moratórios – regime revisional próprio das sentenças determinativas (CPC, artigo 471, I). In: *Revista Magister de Direito Civil e Processual Civil*, n. 32, Set.-Out./2009, p. 9.

jurídicas, a atuação é no campo do fenômeno jurídico denominado de *incidência*. A função jurisdicional, dentro dessa moldura, está destinada a formular juízo sobre a incidência ou não de norma abstrata sobre determinado suporte fático. Essa declaração de certeza resulta de um conjunto operativo, uma sentença, que transitada em julgado se torna a norma jurídica concreta e imutável, tendo força de lei entre as partes. (CPC, art. 468).[174]

Em alguns casos, a incidência nem sempre é instantânea, pois pode ter por base um fato ou situação jurídica de direito com caráter sucessivo ou permanente, como é o caso das relações entre os indivíduos, face ao meio ambiente, não se esgotando os efeitos da norma jurídica concreta eventualmente nascida em comparação à possível mutabilidade fática ou de direito, que derivam ou incidem, respectivamente, em determinadas relações jurídicas. Muitas vezes os efeitos das relações jurídicas têm aptidão para se projetar no futuro, para além do momento da sentença, sofrendo mutações ou até mesmo se extinguindo; distanciando-se da determinação concretizada pela sentença.

O termo *ad quem* da eficácia temporal será determinado pela manutenção inalterada do direito e do suporte fático sobre os quais foi estabelecido o juízo de certeza. Quando a sentença afirma que uma relação jurídica existe é porque supôs a existência de uma norma jurídica e de uma situação de fato (suporte fático de incidência) ou o contrário, por suas inexistências.[175]

Assim, os limites da coisa julgada não se restringem apenas sob os pontos de vista objetivo e subjetivo, ou seja, em relação ao "o quê" e "quem" está sujeito à autoridade da coisa julgada. Em alguns casos, embora a relação jurídica tenha sido normatizada pela decisão jurisdicional, incidindo a autoridade da coisa julgada, a realidade fática (ou do direito) no tempo pode sofrer alterações. Nessas situações, a imunidade da coisa julgada não é capaz de impedir que fatos futuros, embora vinculados àquela relação jurídica tutelada jurisdicionalmente, venham a sofrer alterações nos efeitos determinados pela sentença.[176]

Por exemplo, se o credor renuncia ao crédito, se o devedor paga o valor da condenação ou se os divorciados voltam a casar-se, não há violação da coisa julgada. Em tais casos, só ocorreria se nova sentença afirmasse tais condições, diversamente do que ficou estabelecido, como, *v.g.*, que o crédito jamais existiu ou que o casamento jamais se dissolveu.[177]

Para bem delimitar o objeto de tais situações, basta se pensar quando há em causa relação jurídica de natureza continuativa, em que a sentença regula a relação jurídica e seus efeitos em um determinado tempo sem, contudo, tor-

---

[174] ZAVASCKI, Teori Albino. *Coisa julgada em matéria constitucional*: eficácia das sentenças nas relações jurídicas de trato continuado. Disponível em <http://www.abdpc.org.br/abdpc/artigos/Teori%20Zavascki%20-%20formatado.pdf>. Acesso em: 30 nov. 2011.
[175] Idem.
[176] PORTO, Sérgio Gilberto. *Coisa julgada civil*. 3. ed. São Paulo: RT, 2006, p. 79.
[177] TESHEINER, José Maria. *Eficácia da sentença e coisa julgada no processo civil*. São Paulo: RT, 2001, p. 162.

nar definitivas as projeções frente a novos fatos nascidos da relação durante o passar do tempo.[178]

Daí se afirmar que toda a sentença, ainda que não derivativa de relação continuativa, possui implícita, em maior ou menor grau, a cláusula *rebus sic stantibus*;[179] expressão que está visceralmente relacionada com a teoria da imprevisão, como referido adiante.

"Assim, resta claro que se a relação jurídica foi acertada em torno de fato isolado e consumado antes da sentença, a regra é a que veda venham as partes a rediscuti-lo e o juiz a reapreciar os efeitos já acertados pela sentença (CPC, arts. 467 e 471)".[180] Ou seja, não é sobre toda e qualquer relação jurídica que sofre alteração fática (ou de direito), que será possível a revisão da sentença por alteração do estado de fato. Como dito alhures, a regra é que a sentença faz coisa julgada às partes entre as quais é dada, não beneficiando, nem prejudicando terceiros (CPC, art. 472) e a sentença de mérito tem força de lei nos limites da lide e das questões decididas (CPC, art. 468). E finalmente, sabido é que o juiz não pode decidir novamente as questões já decididas, relativas à mesma lide (CPC, art. 471, *caput*). A limitação temporal se subordina à regra geral, existindo exceções apenas por permissão legal, como a do presente estudo (CPC, art. 471, I).

Essa particularidade reconduz aos limites objetivos decorrentes da causa de pedir e permitem afirmar que os chamados limites temporais da coisa julgada estão atrelados a existência ou não da autoridade da coisa julgada sobre a situação substancial posta à apreciação e abarcada pela sentença, que considera as questões fáticas e jurídicas de um determinado tempo, sendo que as situações e pretensões novas, surgidas após esta dimensão temporal, de relações que se projetam, não poderiam integrar a *res judicata*.

3.3.5. *A função positiva e a negativa*

Lembra GASTAL que a coisa julgada encontra raízes no direito romano. Na Alemanha e na Itália do século XIX, prevalecia a ideia de que a coisa julgada funcionava como uma imposição, "a qualquer futuro juiz que fosse chamado a pronunciar-se sobre a lide, no sentido de pronunciar-se de modo conforme com o julgado [...]",[181] revelando o que posteriormente ficou conhecido como função positiva.

---

[178] PORTO, Sérgio Gilberto. *Coisa julgada civil*. 3. ed. São Paulo: RT, 2006, p. 79-80.

[179] Em tradução livre: "enquanto as coisas permanecem assim" ou "estando as coisas assim".

[180] THEODORO JÚNIOR, Humberto. Coisa julgada – juros moratórios – execução de sentença – alteração superveniente da taxa legal dos juros moratórios – regime revisional próprio das sentenças determinativas (CPC, artigo 471, I). In: *Revista Magister de Direito Civil e Processual Civil*, n. 32, Set.-Out./2009, p. 9.

[181] GASTAL, Alexandre Fernandes. A coisa julgada: sua natureza e suas funções. In: OLIVEIRA, Carlos Alberto Álvaro de (org.). *Eficácia e coisa julgada*. Rio de Janeiro: Forense, 2006, p. 196.

Na origem romanista da coisa julgada, a "impossibilidade de novamente propor a mesma ação era a conseqüência natural da consumação processual",[182] que mais tarde veio a ser visualizada com a função negativa da coisa julgada.

A doutrina, sem embargo às discordâncias, é um tanto quanto pacífica em relação à existência de duas "funções" distintas da coisa julgada.

Após a obra de Keller, a doutrina passou a visualizar a função positiva e a negativa da coisa julgada. Foi a partir daí que se tornou possível sustentar na doutrina a sua dupla função, parecendo ser "[...] irrebatível, modernamente, que ela (*coisa julgada*) efetivamente possui a virtualidade de impedir um novo julgamento e que essa capacidade se define como sendo sua função negativa [...]".[183] (*comentamos*)

A função positiva diz respeito ao fato de que uma decisão futura estará vinculada à outra já proferida. Portanto, o juízo estará obrigado a reconhecer o conteúdo do primeiro julgamento para decidir futuramente.

A função negativa é a que diz respeito ao fato de que uma segunda demanda estará impedida em face da coisa julgada. Ou seja, a *função negativa da coisa julgada* impedirá que seja restabelecida a discussão (da mesma controvérsia), por meio da *rei judicatae*.[184]

Nos idos de 1914, Gusmão pontificava na primeira versão de sua monografia, cujo trabalho foi republicado em 1922, sobre a *força negativa* da coisa julgada:

> c) – Outorgar a ambas as partes, autor e réo, o direito à *exceptio rei judicata*, meio impediente e força negativa de segunda demanda, ou de novo julgado a respeito de uma relação de direito já definitivamente decidida, instituto jurídico que tem por fim obstar que, uma vez extincto o litígio por uma sentença transitada em julgada, possa elle ser reproduzido e submetido a novo exame e nova decisão da justiça
>
> A excepção de coisa julgada compete tanto ao autor, como ao réo, tanto ao vencedor, como ao vencido na demanda anterior.[185]

Celso Neves tratou igualmente essa possibilidade ao referir que caberia "a qualquer dos litigantes a *exceptio rei judicatae*, para excluir novo debate sobre a relação jurídica decidida".[186] Na atualidade, a coisa julgada pode ser declarada de ofício.

---

[182] LIEBMAN, Enrico Tullio. *Eficácia e autoridade da sentença e outros escritos sobre a coisa julgada*. 3. ed. Rio de Janeiro: Forense, 1984, p.3.
[183] PORTO, Sérgio Gilberto. *Coisa Julgada Civil*. 3. ed. São Paulo: RT, 2006, p.68.
[184] NEVES, Celso. *Coisa julgada civil*. São Paulo: RT, 1971, p. 489.
[185] GUSMÃO, Manoel Aureliano de. *Coisa julgada no cível, no crime e no direito internacional*. 2. ed. São Paulo: Saraiva. 1922, p. 34. Na mesma obra, sustenta o autor, há a possibilidade de a *rei judicata* ser conhecida de ofício pelo julgador (já que se trata de uma garantia da ordem social. p. 12 e 13).
[186] NEVES, Celso. *Coisa julgada civil*. São Paulo: RT, 1971, p. 489.

Alguns doutrinadores, equivocadamente, como já demonstrado,[187] atrelaram a função negativa da coisa julgada ao princípio constitucional implícito, de estabilidade social, denominado *ne bis in idem*, que é a eficácia negativa da decisão.

Em 1930, por exemplo, Böticcher sustentou "que a regra do *ne bis in idem* dizia sim respeito ao julgado e que, mais que isso, era por si só suficiente para explicar todos os efeitos do julgado e a única explicação do julgado que se mostrava coerente com a teoria processual",[188] revisitando as origens romanas, retomando a discussão sobre a coisa julgada, que havia sofrido certo declínio.

Nesse ponto, portanto, parece que a doutrina não caminhou bem ao atrelar o princípio do *ne bis in idem* que, em sua essência, repelia a repetição de atos de império, com a função negativa da coisa julgada, que decorre da atividade estatal, pressupondo jurisdição e coisa julgada.

3.4. Ação rescisória

A gênese da ação rescisória está atrelada na *restitutio in integrum*, com origem no Direito Romano,[189] e se refletia na necessidade de se conferir segurança às relações jurídicas.

Dentro de uma sistemática mais rígida, desde a *legis actiones* até o processo formulário, inexistia apelação ou forma de contestar a existência ou validade da decisão que o *iudex* proferia, solucionando a lide e encerrando o caso na sistemática do *Ordo*. Somente após o surgimento do império aparece a *appelatio*, como recurso direcionado ao Príncipe, contra a sentença proferida pelos julgadores (que eram funcionários vinculados ao Pretor), demandando uma organização judiciária com hierarquias de órgãos superiores e inferiores; dando origem ao sistema *cognitio extra ordinem*. A condenação do devedor originava a *obligatio*, que dispunha de 30 dias para satisfazê-la, sob pena de instaurar-se a *actio iudicati*. A partir da instauração do procedimento que visava à satisfação da obrigação reconhecida na sentença, o devedor poderia contestar a existência ou validade da decisão para que fosse aferida a observância dos pressupostos e formalidades do processo. Esse controle era feito pelo *iudicium*, destinado a examinar se a sentença era juridicamente válida ou eivada de vícios.[190]

---

[187] PORTO, Sérgio Gilberto; MATTE, Mauricio. NE BIS IN IDEM: eficácia negativa da decisão independente de coisa julgada. *Revista Brasileira de Direito Processual – RBDPro*, Belo Horizonte, ano 19, n. 75, p. 169-194, jul./set.2011.
[188] GASTAL, Alexandre Fernandes. A coisa julgada: sua natureza e suas funções. In: OLIVEIRA, Carlos Alberto Álvaro de (org.). *Eficácia e coisa julgada*. Rio de Janeiro: Forense, 2006, p.196.
[189] MIRANDA, Pontes de. *Tratado da ação rescisória*. São Paulo: Booseller, 1998, p. 107 e segs.
[190] SILVA, Bruno Freire e. *Ação rescisória*: possibilidade e forma de suspensão da execução da decisão rescindenda. 2. ed. Curitiba: Juruá, 2008, p. 33-33.

> Na hipótese de um negócio ou ato jurídico ser válido, o Pretor poderia, com base na equidade e desde que entendesse existente motivo relevante para tal fim, corrigir o próprio *ius civile*, concedendo a providência denominada *restitutio in integrum*, em que as partes seriam reconduzidas ao estado anterior, como se o ato não houvesse sido praticado.[191]

Com o passar do tempo, a concessão do *restituto in integrum* foi restringido às circunstâncias específicas, em hipóteses compiladas e devidamente autorizadas pelo Pretor e, mais adiante, o instrumento passou a ser utilizado contra a sentença.

Antes de o Brasil ter previsão na atual Constituição Federal (arts. 102, inc. I, *j*, e 105, inc. I, *e*), a ação rescisória teve longo trajeto legislativo. Influenciado pelas Ordenações Afonsinas e Manuelinas, no sistema brasileiro, a ação rescisória surgiu em 1850, pelo Regulamento 737, de 25 de novembro, que autorizava (arts. 680 e 681) a sua utilização. Na República, o Decreto 763, de 1890, ampliou sua utilização às causas cíveis. Sobreviveu às alterações do Decreto 848, de 1890, e as promulgações das Constituições de 1824, 1891, 1934, 1937, 1946 e 1967. No Código de Processo Civil de 1939 (Dec.-Lei 1.608), a ação rescisória foi disciplinada nos artigos 798 a 801, que manteve o equívoco terminológico *nulidade* em vez de *rescindibilidade*, como se fossem sinônimos; já que todas as sentenças nulas são rescindíveis, mas nem todas as sentenças rescindíveis são nulas.[192]

Portanto, há casos em que a decisão a que se agregou a qualidade da indiscutibilidade da coisa julgada está eivada de injustiça. Tal situação coloca em risco a sociedade, desnaturando os fundamentos da coisa julgada. Certos casos há que posteriormente a sentença proferida é que se verifica não existir a aplicação da lei ao caso concreto[193] (ou a lei criada para o caso concreto não lhe corresponde, enfim).

Atualmente, além dos dispositivos constitucionais referidos, o art. 485 do Código de Processo Civil prevê as hipóteses em que a sentença de mérito, transitada em julgado, poderá ser rescindida. A legislação assim dispôs por ter claro que em alguns casos não haverá pertinência entre a coisa julgada e o direito material discutido em juízo, inviabilizando, assim, a convivência entre a inteireza do ordenamento jurídico e o valor de justiça das decisões judiciais.[194]

Em tais situações, de flagrante violação deste equilíbrio entre a segurança jurídica, a justiça e o ordenamento, que a legislação abre concessão legítima

---

[191] SILVA, Bruno Freire e. *Ação rescisória*: possibilidade e forma de suspensão da execução da decisão rescindenda. 2. ed. Curitiba: Juruá, 2008, p. 33.

[192] Idem, p. 37.

[193] WAMBIER, Teresa Arruda Alvim. MEDINA, José Miguel Garcia. *O dogma da coisa julgada*: hipóteses de relativização.São Paulo: RT, 2003, p. 170.

[194] SILVA, Bruno Freire e. *Ação rescisória*: possibilidade e forma de suspensão da execução da decisão rescindenda. 2. ed. Curitiba: Juruá, 2008, p. 31

para afastar instituto tão caro à sociedade, jurídica e politicamente organizada – a coisa julgada.

Situações como quando é verificado que a sentença foi dada por prevaricação, concussão ou corrupção do juiz; tenha sido proferida por juiz impedido ou absolutamente incompetente; resultar a sentença de dolo da parte vencedora em detrimento da parte vencida, ou de colusão entre as partes, a fim de fraudar a lei; ofender a coisa julgada; violar literal dispositivo de lei; se fundar em prova, cuja falsidade tenha sido apurada em processo criminal, ou seja, provada na própria ação rescisória; quando depois da sentença, o autor obtiver documento novo, cuja existência ignorava, ou de que não pôde fazer uso, capaz, por si só, de lhe assegurar pronunciamento favorável; houver fundamento para invalidar a confissão, desistência ou transação, em que se baseou a sentença; ou ainda, na situação em que a sentença seja fundada em erro de fato, resultante de atos ou de documentos da causa.

Assim, a ação rescisória tem "como finalidade a alteração de um estado jurídico já existente, alcançado com a autoridade da coisa julgada que pesa contra a sentença firme".[195]

Tem-se, portanto, que somente as decisões de mérito podem ser objeto da ação rescisória, pois que visa a desconstituir a decisão que transitou em julgado. Não se confunde, portanto, com recurso, pois este visa a evitar ou minimizar o risco de injustiça do julgado único, enquanto a ação rescisória visa a reparar a injustiça[196] da sentença transitada em julgado, rescindindo-a (desconstituindo-a).

Embora não se inviabilize a ação rescisória, a proposta deste trabalho é de revisão de sentença por alteração de estado de fato em relações continuativas relativas a interesses e direitos difusos e coletivos *stricto sensu*, preservando a coisa julgada anterior (ao contrário da rescisão, que a desconstitui).[197]

3.5. Revisão da sentença

A partir do entendimento do Mundo dos fatos e do Mundo Jurídico, avançando para, então, o ordenamento e as relações jurídicas decorrentes da incidência das regras que compõem aquela forma de organização social criada

---

[195] NERY JÚNIOR, Nelson. *Princípios fundamentais:* teoria geral dos recursos. 2. ed. São Paulo: RT, 1993.

[196] A palavra *injustiça*, aqui aplicada ao caso em estudo, está referindo mais ao aspecto material da decisão do que em relação à justiça formal, aquela que deriva da prestação jurisdicional, da entrega da tutela de direitos, pelo Estado, desde que respeitadas as garantias constitucionais e processuais das partes.

[197] "Trata-se de ação de natureza fundamentalmente desconstitutiva, que pode ser intentada excepcionalmente pelas partes, pelo terceiro prejudicado e pelo Ministério Público, exclusivamente nos casos previstos, por meio da técnica da enumeração taxativa do art. 485 do CPC" (WAMBIER, Luiz Rodrigues (coord.). *Curso avançados de processo civil. Teoria Geral do Processo e Processo de Conhecimento.* 7. ed. São Paulo: RT, 2005, p. 553).

pelo homem, é que podemos perceber a existência de certas peculiaridades advindas de relações jurídicas que se projetam no tempo.

Para manter essa organização, de estabilidade e paz social, há muito que o homem opera com a denominada cláusula *rebus sic stantibus,* que encontra sua nascente na imprevisibilidade que tais relações, de caráter continuativo, possuem em relação à sua própria natureza de desenvolvimento fático; a que o homem, aliás, está uterinamente ligado.

Para certos casos, como será discorrido a partir de agora, a lei prevê a possibilidade de revisar os efeitos da sentença. A revisão, face à existência implícita da cláusula *rebus sic stantibus* nas sentenças, consagra a teoria da imprevisão, dá conta de que o legislador criou para os casos em que a norma do caso concreto (des)considera alterações de fato e de direito à época de sua formação, a fim de viabilizar legislativamente uma forma de "diminuir o que se poderia denominar de efeitos perversos da coisa julgada".[198]

O art. 471, inciso I, do Código de Processo Civil prevê a possibilidade de, em se tratando de relações jurídicas continuativas, sobrevindo modificação no estado de fato ou de direito, serem revistos os efeitos da sentença; revisão que, todavia, não afeta a coisa julgada.

3.5.1. Fato natural, fato jurídico, ato-fato, ato jurídico, negócio jurídico, estado de fato e relações jurídicas

Longe de se tentar esgotar todas as complexas explicações da origem do sistema jurídico, criação do homem para estabelecer em sua convivência certa previsibilidade, aqui se buscará visitar, dentre os conceitos de figuras naturais e jurídicas, pontos que têm evidente importância para o desenvolvimento do tema proposto. Não é, portanto, intenção, escrutinar as teorias desenvolvidas sobre fato e estado de fato, ato, negócio e relação jurídica. Face à restrição espacial para desenvolver tais teorias é que se buscou, na doutrina pátria, jurista que fez destacada contribuição, Pontes de Miranda, da qual pontualmente se retira explicações em relação aos institutos referidos.

> Diante do mundo em que se sentiu incluído, mas cercado por todos os lados, entrando-lhe pelo nariz, pela boca, pelos ouvidos, tateável e ostensivo, o homem reconheceu-se sujeito a todas as vicissitudes e dependente do que se lançava contra ele. Daí os dois conceitos iniciais, *sub-iectus*, sujeito, e *ob-iectus*, objeto. Quando em vez de apenas colher os frutos das árvores, pescar, caçar e apanhar água, resinas e sucos vegetais, pensou ele em dar certa *ordem* e certa *previsibilidade* aos fatos em torno, criou, a princípio inconscientemente, *regras jurídicas.*[199]

---

[198] TESHEINER, José Maria. *Eficácia da sentença e coisa julgada no processo civil.* São Paulo: RT, 2001, p. 169.
[199] MIRANDA, Pontes de. *Tratado das ações.* § 1, T. 1, São Paulo: Bookseller, 1998, p. 22.

A regra jurídica é a norma com que o homem, ao querer subordinar os fatos a certa ordem e a certa previsibilidade, procurou distribuir os bens da vida.[200]

Nosso mundo, explica Pontes de Miranda, é dividido em *mundo fático* e *mundo jurídico*. O primeiro é onde ocorrem os *fatos*, acontecimentos naturais do mundo físico que não interessam ao jurista. Assim, a nuvem que está passando, a estrela cadente, o eclipse do Sol ou da Lua, o nascimento, a morte, a ofensa, dentre outros, são acontecimentos; fatos. De regra, os fatos somente passam a interessar ao jurista quando sobre eles, por meio da técnica que é o Direito, mero processo social de adaptação e organização por meio de regras jurídicas, passa a incidir[201] uma dessas proposições de organização (regra), escrita ou não, colorindo-os. A partir desse momento, os fatos, que são coloridos pela regra jurídica, criam o *mundo jurídico*, que está contido no *mundo dos fatos*. O *Mundo jurídico* está todo no pensamento do jurista e do povo, sendo formado pela soma dos fatos jurídicos. O *mundo dos fatos* é formado por todos os fatos e contém, além de fatos que são meros acontecimentos naturais, os que são acontecimentos que interessam ao direito (fatos naturais adjetivados pelo homem para destacá-los como fatos jurídicos).[202]

Quando ocorre um ou mais fatos, mas não incide nenhuma regra, tais são considerados elementos fáticos. A partir do momento em que sobre os elementos fáticos (simples, *v.g.*, morte; ou complexo, *v.g.*, morte por outrem) ocorre a incidência de regra jurídica, tais elementos passam a ser denominados de *suporte fático* (que estavam abstratamente previstos na regra). A partir desse momento, o suporte fático (concreto), entendido como um todo, descrito na proposição da

---

[200] MIRANDA, Pontes de. *Tratado de Direito Privado*. T. 1, São Paulo: Bookseller, 1999, p. 49.

[201] "Das considerações acima temos de tirar: (a) que é falsa qualquer teoria que considere apenas *provável* ou *suscetível de não ocorrer* a incidência das regras jurídicas (o homem não organizou a vida social deixando margem à não-incidência, porque teria sido o ordenamento alógico, em sistema de regras jurídicas em que essas poderiam *não ser*), *e.g.*, as teoria que afirmam que algumas regras jurídicas não se aplicam e, pois, *não são* (confusão entre *incidência* e *aplicação*); (b) que é essencial a todo estudo sério do direito considerar-se, em ordem, a) a elaboração da regra jurídica (fato político), b) a regra jurídica (fato criador do mundo jurídico), c) o suporte fático (abstrato), a que ela se refere, d) a incidência quando o suporte fático (concreto) ocorre, e) o fato jurídico, que daí resulta, f) a eficácia do fato jurídico, isto é, as relações jurídicas e mais efeitos dos fatos jurídicos." (Idem, p. 50). "Não é a lei que 'ordena' incidirem as suas regras; as regras jurídicas incidem, a lei incide, porque a lei e as demais regras jurídicas foram concebidas para esse *processo de adaptação social*. A incidência é, pois, o conceito típico: ela fica entre a lei como elaboração jurislativa e a eficácia que resulta do fato jurídico (= fato + incidência). Na feitura da regra jurídica, levam-se em conta os fatos; após a incidência da regra jurídica, dá-se a eles, juridicizados, irradiação de eficácia: tais efeitos são criações de espírito, de que podem provir efeitos do mundo físico; *e.g.*, o produto do bem *a*, pertencente a A e a B, é *comum* (efeito jurídico) e isso permite (ou não permite) a divisão (fato físico). A causação, que o mundo jurídico prevê, é infalível, *enquanto a regra jurídica existe*: não é possível obstar-se à realização das suas conseqüências, e a aplicação *injusta* da regra jurídica, ou porque se não haja aplicado a regra jurídica, com a interpretação que se esperava, ou porque não se tenha bem classificado o suporte fático, não desfaz aquele determinismo: é resultado da necessidade prática de se resolverem os litígios, ou as dúvidas, ainda que falivelmente; isto é, da necessidade de se julgarem os desatendimentos à incidência." (Idem, p. 64-65).

[202] MIRANDA, Pontes de. *Tratado das ações*. § 1, T. 1, São Paulo: Bookseller, 1998, p. 21.

regra[203] (e não como cada elemento isolado), entra no mundo jurídico e passa a ser fato jurídico (com eficácia para irradiação de efeitos).[204]

Como eficácia é força, os efeitos dos fatos jurídicos são as consequências por eles produzidas no mundo jurídico; "são irradiações da impressão que a incidência da norma jurídica faz no suporte fático".[205]

No mundo jurídico, existem três planos: o da *existência*, onde deixa de existir suporte fático e há fatos jurídicos; o da *validade*, quando o fato decorre da vontade humana e passa a ser um ato (agir) do homem, válido ou não válido (nulo ou anulável); e o da *eficácia*, em que os efeitos se irradiam dos fatos jurídicos.[206]

Todo fato jurídico, segundo a proposição jurídica, será em conformidade ou não com a licitude. A classificação dos fatos jurídicos é feita em relação à origem do elemento fático – humana ou extra-humana.

Os fatos jurídicos estão divididos em fatos jurídicos *lato sensu* e fatos jurídicos *stricto sensu* (estes contidos naqueles).

Os fatos jurídicos *lato sensu* estão divididos em quatro classes:[207] fatos jurídicos *stricto sensu*, atos-fatos jurídicos, atos jurídicos *stricto sensu*, negócio jurídicos.[208]

Para Pontes de Miranda, os fatos jurídicos *stricto sensu* e os *atos-fatos* são diferenciados dos *atos jurídicos stricto sensu* e *negócios jurídicos*, pois aqueles, diversamente destes, não possuem ação humana volitiva, ou seja, ação humana mais vontade, mais inteligência, mais sentimento. Ainda que os *atos-fatos* possam ter ação humana, em tais não é possível verificar ação ao nível consciente (nos dizeres de Pontes, "origem humana que se apaga porque o direito, na espécie, somente vê o fato como extra-humano").[209] As duas últimas classes, portanto, ficam no campo psíquico dos fatos jurídicos.

Ensina Pontes de Miranda que "os atos jurídicos stricto sensu e os negócios jurídicos são o campo psíquico dos fatos jurídicos. São os meios mais eficientes da atividade inter-humana, na dimensão do direito", explicando tam-

---

[203] "A regra jurídica é sempre uma proposição, escrita ou não escrita, em que se diz: 'Se ocorrem *a, b* e *c* (ou se ocorrem *b* e *c*, ou se ocorrem *a* e *b*, ou se ocorre *a*, ou se ocorre *b*), acontede *d*. A esses elementos chamam-se elementos fáticos. Se, todos estão juntos, ou se aparece o único que se exigia, o *todo* fático é como que carimbado pela regra jurídica. A esse todo deu-se o nome de suporte fático, *Tatbestand* [...]" (MIRANDA, Pontes de. *Tratado das ações*. § 1, T. 1, São Paulo: Bookseller, 1998, p. 21).

[204] Idem, p. 22.

[205] Idem, p. 21.

[206] Idem, p. 22.

[207] Não serão analisadas as subclasses: fatos jurídicos contrários a direito, fatos ilícitos *stricto sensu*, ato-fatos ilícitos, atos ilícitos, atos ilícitos *stricto sensu*, atos ilícitos caducificantes, absolutos ou relativos, pois distantes da problemática posta no presente estudo.

[208] MIRANDA, Pontes de. *Tratado das ações*. § 1, T. 1, São Paulo: Bookseller, 1998, p. 25.

[209] Idem, p. 24.

bém que "neles e por eles, a vontade, a inteligência e o sentimento inserem-se no mundo jurídico, edificando-o".[210]

Podem ser positivos ou negativos, enquanto tenham sido realizados ou não os atos ou circunstâncias a caracterizá-los.

Fatos jurídicos podem ser classificados ainda em *simples*, quando for única a circunstância de fato, ou *complexos*, quando há uma pluralidade de circunstâncias de fato (que podem se dividir em *sem pendência* ou *com pendência*, quando há ou não a necessidade de ocorrência de todas as circunstâncias de um fato complexo para que os efeitos se produzam).[211]

Para Ebert Chamoun, são *instantâneos*, quando o direito atribui efeitos com a simples formação de um estado de fato, ou *continuativos*, quando o direito atribui efeitos enquanto perdurarem as circunstâncias de fato que o constituem.[212]

Na espécie *continuativa* (ou complexa) reside elemento fundamental para a proposta que se busca construir no presente trabalho. É importante ao estudioso atento que fixe a ideia de que os fatos jurídicos *continuativos* dão suporte às relações jurídicas continuativas, objeto do debate, caracterizando-se, portanto, pela permanência das circunstâncias de fato (ou pluralidade de circunstâncias) que a constituíram.

O fenômeno da incidência nem sempre é instantâneo, ou seja, nem sempre se esgota em um fato ou em um ato.

Há casos, como já construído, em que os fatos jurídicos são complexos. Os fatos jurídicos continuativos possuem imbricada ligação com a eficácia temporal das relações, refletindo na autoridade da coisa julga e nos efeitos da sentença em relação à fixação dos mesmos limites, temporais, da regulação da relação de direito material operada pela sentença. As relações jurídicas decorrentes de fatos jurídicos que não se esgotam imediatamente, ou seja, em apenas um fato (ou ato) projetam-se no futuro, podendo sofrer mutações ou extinguir-se com o passar do tempo. Por tal razão é que se diz existir uma *natureza dinâmica dos fatos e do direito*.[213]

Por fim, a eficácia dos fatos jurídicos deve atender a cinco espécies de efeitos: declarativo, constitutivo, condenatório, mandamental e executivo.

Acontecimento e *estado de fato* são dois conceitos sobre fatos que devem ser apontados neste momento. O acontecimento caracteriza o fato atômico e que por vezes identifica um estado de fato. Aquele tem o seu momento, ainda que

---

[210] MIRANDA, Pontes de. *Tratado das ações.* § 1, T. 1, São Paulo: Bookseller, 1998, p. 30.

[211] CHAMOUN, Ebert. *Instituições de direito romano.* 2. ed. Rio de Janeiro: Forense, 1954, p. 65.

[212] Idem, p. 66.

[213] ZAVASCKI, Teori Albino. *Coisa julgada em matéria constitucional: eficácia das sentenças nas relações jurídicas de trato continuado.* Disponível em <http://www.abdpc.org.br/abdpc/artigos/Teori%20Zavascki%20-%20formatado.pdf>. Acesso em: 30 nov. 2011.

não possa ser precisado com exatidão (*v.g.* morte por naufrágio). A situação da coisa é *estado*; o achar-se aqui e agora ou ter-se achado aqui e no dia 10, é acontecimento. Explica Pontes de Miranda que "ter feito exame de direito civil, ou ter vencido concurso de direito penal, é acontecimento; saber direito penal é estado".[214][215]

O estado, portanto, é a continuidade de um acontecimento ou a continuidade que o acontecimento estabeleceu. Assim, uma declaração de vontade ou um ato jurídico pode ser caracterizado como sendo um acontecimento que, todavia, poderá gerar um estado de fato decorrente de sua continuidade. A separação judicial, por exemplo, é fato; o ser separado judicialmente é estado de fato. O nascimento de um filho é um fato, o ser pai é estado de fato decorrente do acontecimento nascimento. O produzir determinado produto é um acontecimento, continuar produzindo determinado produto é um estado de fato (não do produto, mas da atividade). Em relação ao produto, ser produzido é um acontecimento, ser poluente é um estado de fato. Ser continuamente produzido um produto poluente é estado de fato da atividade (produzir) e do produto (poluente).

As *relações jurídicas*, conceito de inarredável importância ao estudo proposto, são as existentes entre pessoas;[216] entre entidades capazes de ter direitos, deveres, pretensões, obrigações, ações e exceções. É quando sobre a relação fática entre pessoas incide a regra jurídica, tornando-a jurídica. "De ordinário, está nesses fatos, como componente, ou como um dos elementos componentes do suporte fático". Por exemplo, "ser filho é estar em relação fática (filiação-paternidade ou filiação-maternidade) que a regra jurídica faz ser relação jurídica".[217]

Refletindo sobre as ideias de Pontes de Miranda, tem-se que as relações jurídicas são sempre entre pessoas (físicas ou jurídicas, nunca entre pessoas e

---

[214] MIRANDA, Pontes de. *Tratado de Direito Privado*. T. 1, São Paulo: Bookseller, 1999, p. 70.

[215] "*Estado de fato*. O estado supõe permanência de fato, portanto, algo que é diferente do que foi, *antes dele começar*, e que será, *se ele cessar* ou *quando cessar*. A ausência, o lapso para prescrição ou para usucapião, a duração da posse, o crime permanente, o ato ilícito continuado, a residência. Em todos esses casos, o estado é elemento do suporte fático. Há estados elementos (já) da eficácia do fato jurídico: o estado de casado, a prisão (que não pode ser instantânea, embora cesse imediatamente). Às vezes, o direito considera instantâneos fatos que duram pouco, para que se configure como fato atômico o que tem unidade, porém não permanece no tempo suficiente para se ter como estado. A capacidade de direito, a capacidade política, a civil, a negocial e a delitual, todas são estados elementos de fatos jurídicos, que exsurgiram da incidência da regra jurídica sobre fatos, como 'nascer homem', 'nascer no Brasil', 'ter vinte e um anos'". (MIRANDA, Pontes de. *Tratado de Direito Privado*. T. 1, São Paulo: Bookseller, 1999, p. 144)

[216] "As relações entre coisas, como a de edifício e pertença, não são relações jurídicas; são relações fáticas, concernentes ao objeto dos direitos. O direito não as recebe como relações que se possam juridicizar; porque não são inter-humanas. Essas relações são tratadas como relações referentes ao conceito de objeto de direito, relações fáticas daquilo a que as relações jurídicas aludem. [...] Falseia-o, de início, quem admite que a relação jurídica possa ser entre pessoa e coisa. Então seria de outra relação, que se estaria falando [...]" (Idem, p. 170-171).

[217] Idem, p. 169.

objeto, já que aí se estaria em outro plano, e a relação seria meramente fática, do sujeito com o objeto do direito). Se sobre as relações inter-humanas (interpessoais) incide a regra jurídica, ou seja, se sobre os fatos do mundo (relação da vida) incide a regra jurídica, tais passam a ser relações jurídicas (e os fatos passam a ser jurídicos), pois interessa ao direito. As relações jurídicas são juridicizações de relações inter-humanas. A partir daí se tem a *relação jurídica básica ou fundamental*. Pela eficácia dessas relações jurídicas é que se faz possível falar em *deveres, pretensões, obrigações, ações e exceções;* eficácia que transforma a relação jurídica em intersubjetiva e possibilita, por abstração, falar em "direitos" e "deveres", individualizando o direito de "A" ao bem "a". *A relação jurídica intrajurídica* (ou eficacial) é a que sobrevém e decorre da incidência, é no campo da eficácia. O direito trata-a como criação sua, admitindo alterações que não seriam possíveis no mundo dos fatos. Na relação jurídica básica ou fundamental, ao contrário da intrajurídica, não há necessidade de que nasçam de pronto direitos e deveres. Já nas intrajurídicas "o ser e o ter algum efeito hão de, pelo menos, coincidir no início delas".[218]

A relação jurídica básica, portanto, é a que resulta da juridicização de relação inter-humana. Há relações jurídicas que se manifestam em face de todos menos um, como por exemplo, a propriedade (a respeito de um terreno X, onde A está na terra, a relação inter-humana é de A com todos, ou seja, de todos menos um, já que A não se relaciona consigo mesmo). "A relação jurídica de propriedade é a entrada dessa relação no mundo jurídico, após a juridicização de algum fato", *v.g*, usucapião.[219]

A relação jurídica intrajurídica (ou eficacial) é oriunda da eficácia do fato jurídico, como por exemplo, da relação entre devedor e credor; filiação; pátrio poder ou alimentos. A relação jurídica básica, ao contrário, decorre da juridicização de relação, como por exemplo, da relação de parentesco ou da personalidade.

Considerada às circunstâncias temporais do fato gerador (acontecimento), as relações jurídicas podem ser classificadas em três espécies: as *instantâneas*, as *permanentes* e as *sucessivas*. *Instantâneas*, aquela que decorre de fato gerador único, esgotando-se imediatamente, ou seja, sem continuidade no tempo (ou se temporalmente desdobrado, a incidência da norma ocorrerá quando integralmente formado). *Permanente ou duradoura* é a relação jurídica que nasce de um fato gerador (acontecimento) cujo estado de fato se prolonga no tempo. Dessa espécie é a obrigação de pagar alimentos, cujo estado de fato se desdobra no tempo. A terceira espécie, *sucessiva*,[220] é a que nasce de fatos geradores instan-

---

[218] MIRANDA, Pontes de. *Tratado de Direito Privado*. T. 1, São Paulo: Bookseller, 1999, p. 169-185.

[219] Idem, p. 170.

[220] "Na verdade, as relações sucessivas compõem-se de uma série de relações instantâneas homogêneas, que, pela sua reiteração e homogeneidade, podem receber tratamento jurídico conjunto ou tutela jurisdicional coletiva. No geral dos casos, as relações sucessivas pressupõem e dependem de uma situação jurídica mais

tâneos que, todavia, se repetem no tempo de maneira uniforme e continuada; como a obrigação do empresário de recolher a contribuição para a seguridade social sobre a folha de salário ou sobre o faturamento.[221]

Ao examinar os fenômenos de incidência e pronunciar juízos de certeza sobre as consequências jurídicas decorrentes, certificando a existência ou não, ou o modo de ser da relação jurídica, a sentença o faz em consideração às circunstâncias de fato e de direito que então foram apresentados pelas partes. Considerando a natureza permanente ou sucessiva das relações jurídicas, a sentença terá implícita, em maior ou menor grau, a cláusula *rebus sic stantibus*.

3.5.2. A cláusula "rebus sic stantibus"

A cláusula tácita da imprevisão tem suas origens no direito romano (na *condictio ob causam datorum*) e, embora não lhe tenham dado à época o devido tratamento estrutural e doutrinário, as fontes indicam que tal regra possuía vestígios nas soluções morais deixadas por Cícero[222] e Sêneca;[223] aplicáveis às questões relacionadas com a autonomia volitiva. Já, portanto, no século I antes de Cristo e no II da nossa era, admitia-se quebra ao princípio do *pacta sunt servanda*.[224] [225]

---

ampla, ou de determinado *status* jurídico dos seus figurantes, nos quais se inserem, compondo-lhes a configuração. Por exemplo: a relação obrigacional de que nasce o direito de receber o pagamento de vencimento mensais tem como fato gerador imediato a prestação do serviço pelo servidor: sem a ocorrência desse, não existirá aquele. Assim considerada, é relação jurídica sucessiva, já que seu suporte de incidência é repetitivo no tempo. [...] Há certas relações jurídicas cujos efeitos são desdobrados no tempo, mas que não se confundem com as relações jurídicas permanentes nem com as sucessivas. A relação decorrente de um contrato de mútuo a prazo é, por natureza, instantânea, já que o fato gerador (o contrato) foi instantâneo, embora sua execução – o pagamento das prestações – seja diferido no tempo, segundo a vontade das partes. Da mesma forma, a relação previdenciária de aposentadoria por tempo de serviço tem diferida no tempo, por imposição de lei, a prestação de pagar proventos, mas o fato gerador, consistente em determinado número de anos de trabalho ou de contribuição, já se encontra inteiramente consumado. Por isso mesmo, nesses casos, tendo ocorrido o fenômeno da incidência sobre suporte fático completo e acabado, a subsistência dos efeitos (a obrigação do mutuário e da instituição previdenciária) independe da *continuidade do fato gerador* (ao contrário do que ocorre nas relações permanentes) ou da *repetição do fato gerador* (ao contrário do que se passa com as relações sucessivas)." (destacamos) (ZAVASCKI, Teori Albino. *Coisa julgada em matéria constitucional: eficácia das sentenças nas relações jurídicas de trato continuado*. Disponível em <http://www.abdpc.org.br/abdpc/artigos/Teori%20Zavascki%20-%20formatado.pdf>. Acesso em: 30 nov. 2011).

[221] Ibidem.

[222] "Em duas passagens do *De officiis ad Marcum filium*, alude à excusa que merecera um advogado que, contratado para assistir à causa de um constituinte, estivera ausente, assim descumprindo o pactuado, por ter sobrevindo grave enfermidade ao próprio filho, e ao fato de que o depositário de uma espada, infiel noutra circunstância por não havê-la restituído, estava indene à *actio depositi*, posto como o credor, tornado inimigo, iria utilizá-la contra a pátria." (grifos do original) (SIDOU, J. M. Othon. *A cláusula "rebus sic stantibus" no direito brasileiro*. Rio de Janeiro: Livraria Freitas Bastos, 1962, p. 8).

[223] "Seneca, em *De beneficiis*, alude claramente à desobrigação por uma mudança no estado de fato. Segundo o seu raciocínio, a obrigação liga-se à persistência de um *status* imutável." (Ibidem).

[224] Em tradução livre, significa "os pactos devem ser respeitados" ou "os acordos devem ser cumpridos". Princípio de fidelidade do contrato, de respeito à base do negócio.

A regra da cláusula *rebus sic stantibus* era aplicada nas obrigações que nasciam com os contratos (que obedeciam ao *pacta sunt servanda*), quando decorresse injustiça para o devedor no cumprimento das obrigações, se essas fossem demasiadamente agravadas por fatos extraordinários e inesperados, ocorridos posteriormente à celebração do contrato; fatos que não poderiam ser previstos e, ainda que fossem previstos, impossível seria cumprir o acordo nos termos pactuados.[226]

> A doutrina entende pela cláusula tácita *r. s. s.* a condição implícita em virtude da qual, em certa categoria de contratos, o vínculo contratual se deve considerar subordinado à continuação daquele estado de fato existente ao tempo de sua formação, de tal sorte que, modificado o ambiente objetivo por motivos supervenientes e imprevistos, a fôrça obrigatória do contrato não deve ser mantida, justificando a intervenção judicial para revê-lo ou rescindi-lo. Ela tem por missão [...] evitar essa injustiça, defender a equivalência entre a prestação e a contraprestação, manter a vontade das partes dentro dos limites em que de boa fé se comprometeram por ocasião do ajuste, em uma palavra, fazer valer o espírito do contrato tal foi querido e celebrado.[227]

Após um período de franca aplicabilidade até o século XVIII, a teoria libertou-se de suas bases iniciais, estendendo-se à imprevisibilidade da mutação do estado de fato, que possibilitou ampliá-la para além dos contratos; para todas as negociações jurídicas, pessoais ou reais, de direito público ou de direito privado, em nível internacional com previsão legislativa.[228] Com o passar do tempo, a teoria logrou erguer-se da sua letargia (de atrelamento face ao requisito da extrema onerosidade) para cumprir um destino, não só ético, mas social; objetivo que não fora pensado nos períodos medieval e moderno. Tornou-se imperativa ante o diverso ritmo dos negócios, e a dinâmica instabilidade que se desencadeou sobre a economia da civilização contemporânea. A cláusula *rebus sic stantibus* fez-se necessária e inquestionável, para conter, em proveito da paz social, que é um consectário da paz individual, o distanciamento radicalista, nos seus meios e fins, dos princípios que conferiam ao contrato a força de lei entre as partes.[229]

É dessa concepção de equilíbrio das relações sociais, que o princípio foi lastreando-se pelo ordenamento jurídico internacional. A cláusula, ínsita aos contratos, ramificou-se desde aquela nascente obrigacional volitiva, espraiando-se como um princípio geral de direito, com o objetivo também de busca de

---

[225] SIDOU, J. M. Othon. *A cláusula "rebus sic stantibus" no direito brasileiro*. Rio de Janeiro: Freitas Bastos, 1962, p. 8-11.
[226] Idem, p. 13.
[227] Idem, p. 15-16.
[228] Como exemplo, os Códigos Germânicos (bávaro de 1756 e prussiano de 1794).
[229] SIDOU, J. M. Othon. *A cláusula "rebus sic stantibus" no direito brasileiro*. Rio de Janeiro: Freitas Bastos, 1962, p. 17-19.

equilíbrio e paz social. De tal sorte foi sua amplitude que também a acolheu a ciência processual civil, na qual a sentença, que faz lei entre as partes e cria a regra do caso concreto, traz para a solução do litígio, implicitamente vinculada aos direitos postos em causa ou como regra geral do direito, a teoria da imprevisão.

> O resgate da cláusula *rebus sic stantibus* deu-se com a criação de uma nova estrutura científica, sob a forma da Teoria da Imprevisão. Seu impacto no direito, ao longo do século XX, foi e é notável. O direito Econômico, o Direito Civil, o Direito Administrativo, o Direito do Consumidor e o Direito Internacional mostram-se profundamente influenciados por sua aplicação nos negócios jurídicos. A doutrina e a jurisprudência renderam-se á cláusula *rebus sic stantibus*, modificando o princípio da autonomia privada da vontade e retirando o *pacta sunt servanda* de sua majestática preeminência. A imprevisão, modernamente considerada pelo termo *alteração das circunstâncias de fato*, é um fenômeno deste tempo.[230]

Por tal razão é que pode haver intervenção jurisdicional para regular as relações materiais que, dentro do contexto exposto, se mostram desdobráveis no tempo; conflito solúvel pela esfera judicial. "Na origem o órgão jurisdicional atuará segundo critérios de justiça e de oportunidade".[231] Também não é outra a razão que, *ope legis*, há casos de relações onde as obrigações de trato *permanente*[232] ou *sucessivo*[233] sofrem a aplicação do referido princípio quando judicializados, como a obrigação de pagar alimentos ao filho ou a obrigação do comerciante de pagar Imposto Sobre Circulação de Mercadorias, respectivamente, cuja sentença terá uma predominância maior da cláusula *rebus sic stantibus*.

3.5.3. Relações jurídicas continuativas e a possibilidade de revisão das sentenças por alteração do estado de fato

Revisão dos efeitos da sentença e revisão da sentença são terminologias que se aproximam, pois embora a sentença não seja exatamente revisada, já que

---

[230] RODRIGUES JÚNIOR. Otavio Luiz. *Revisão judicial dos contratos: autonomia da vontade e teoria da imprevisão*. São Paulo: Atlas, 2002, p. 33.

[231] ASSIS, Araken de. Breve contribuição ao estudo da coisa julgada nas ações de alimentos. In: *Revista da AJURIS*, v. 46, 1989, p. 89.

[232] "A relação jurídica que nasce do suporte de incidência consistente em fato ou situação que se prolonga no tempo. A obrigação previdenciária que dá ensejo ao benefício de auxílio doença tem como suporte fático a incapacidade temporária do segurado para exercer as suas atividades laborativas normais, estado de fato que, prolongado no tempo, acarreta uma espécie de incidência contínua e ininterrupta da norma, gerando a obrigação, também continuada, de pagar a prestação. Dessa mesma natureza é a obrigação de pagar alimentos, que tem suporte fático desdobrado no tempo, consistente na insuficiência econômica e financeira do alimentado e na capacidade econômica e financeira do alimentante [...]" (ZAVASCKI, Teori Albino. *Coisa julgada em matéria constitucional: eficácia das sentenças nas relações jurídicas de trato continuado*. Disponível em <http://www.abdpc.org.br/abdpc/artigos/Teori%20Zavascki%20-%20formatado.pdf>. Acesso em: 30 nov. 2011).

[233] "[...] nascida de fatos geradores instantâneos que, todavia, se repetem no tempo de maneira uniforme e continuada. Os exemplos comuns vêm do campo tributário: a obrigação do comerciante de pagar o imposto sobre a circulação de mercadorias, ou do empresário de recolher a contribuição para a seguridade social sobre a folha de salário ou o sobre o seu faturamento." (Idem).

posta e acobertada pelo manto da coisa julgada, a nova sentença, decorrente de provocação da parte, revisará os efeitos daquela sentença, projetando, de regra, *ex nunc,* os novos efeitos.

Não se deve confundir revisão da sentença (revisão dos efeitos da sentença) e revisão da coisa julgada (rescisão da sentença, desconstituição do ato judicial). Na revisão de sentença, a coisa julgada não é afetada, tampouco revisada. Como demonstra este estudo, a coisa julgada é qualidade que se agrega à sentença para qualificar seus efeitos. A declaração formada no comando da sentença, essa sim acobertada pela coisa julgada, permanece intocada nos casos de revisão de seus efeitos. Os efeitos da sentença, como verificado, podem sofrer alterações face à natureza das relações jurídicas, guardando pertinência também com os limites temporais da coisa julgada.

Esse também é o entendimento de Sérgio Gilberto Porto, de que os efeitos da sentença, na revisão, a partir de um determinado momento, cessam ou alteram-se.[234]

Portanto, "não se trata, propriamente, de alterar a decisão transitada em julgado, mas de julgar o quadro novo superveniente à sentença, por contingência do próprio direito material".[235] Isso é notadamente verificado no desenvolvimento feito até aqui, desde fatos, passando pelo direito objetivo, a relação jurídica, o direito subjetivo (ou a aplicação do direito objetivo mesmo), a judicialização, a sentença, seus efeitos, os efeitos prolongados no tempo derivados das relações jurídicas, enfim.

Compreender os efeitos da sentença e os elementos que formam o instituto da coisa julgada é essencial para realizar intelectivamente a aceitação da opção legislativa de revisão dos efeitos da sentença para os casos em que as relações jurídicas são continuativas; portanto, de aceitação da proposta que aqui se apresenta.

Não menos importante foi estabelecer o substrato para compreensão do que é um fato; porque e quando ele se torna jurídico; a diferença entre as espécies de fatos, se instantâneos ou prolongados no tempo, bem assim, direito objetivo, subjetivo e relações jurídicas. Ou seja, compreender o sistema jurídico como criação humana, como forma de engendrar certa determinação e controle social; bem assim a estreita correlação existente entre os fatos naturais e os fatos jurídicos (aqueles, adjetivados pelo homem, inclusive em nível das relações).

Portanto, para que a revisão dos efeitos da sentença seja feita, é de estar presente um conjunto de elementos. Integram esse conjunto, em essência, a

---

[234] PORTO, Sérgio Gilberto. *Comentários ao Código de Processo Civil.* São Paulo: RT, 2000, v. 6, p. 182.

[235] THEODORO JÚNIOR, Humberto. Coisa julgada – juros moratórios – execução de sentença – alteração superveniente da taxa legal do juros moratórios – regime revisional próprio das sentenças determinativas (CPC, artigo 471, I). In: *Revista Magister de Direito Civil e Processual Civil,* n. 32, Set.-Out./2009, p. 9.

natureza do fato e da relação jurídica (continuativos), a sentença (constitutiva) e a coisa julgada (limites temporais), como também a opção legislativa (CPC, art. 471, I).

Decorre também da existência implícita nas sentenças, em menor ou maior grau, da cláusula *rebus sic stantibus*, que se atrela à teoria da imprevisão, um dos elementos que se vincula à estabilidade social como fator pacificador, de equilíbrio das relações, enquanto notória a alterabilidade das relações jurídicas continuativas.

Prova de estabilidade está contida na sua essência, ramificada em outros ordenamentos como, por exemplo, no estadunidense e no português. No sistema estadunidense, por meio do *Uniform Marriage and Divorce Act,* há previsão de que os termos dos acordos (*set forth in the court order*) são sempre modificáveis quando respeitantes aos alimentos, à guarda e ao regime de visitas dos filhos. A obrigação de alimentos pode ser extinta ou modificada por acordo das partes. Todavia, as partes devem claramente acordar sobre tal modificação, e a parte que confia em tal acordo tem o ônus de provar o mesmo.[236] No sistema português, a sentença determinativa da obrigação de alimentos transita em julgado quanto à situação de fato das partes existente no momento em que é proferida, mas não quanto à situação futura, comportando a revisão.[237]

Por meio da cláusula *rebus sic stantibus* é possível revisar a decisão, reajustando à realidade da fortuna de quem as supre, ou da necessidade de quem as recebe, não sendo, portanto, modificação em relação à obrigação alimentar; que permanece em razão da relação jurídica estabelecida entre pai e filho.[238]

Por isso que não é apenas pela imprevisibilidade que estão sujeitas as relações jurídicas, em seu substrato natural, que se abre a possibilidade de revisão da sentença que enfrentou os fatos e as regras jurídicas em um determinado momento. Se isso fosse verdade, não se desfrutaria da estabilidade jurídica tão cara em nosso ordenamento, em nosso sistema democrático. Se a imprevisibilidade fosse a pedra de toque, inúmeras relações estariam sujeitas à revisão, retirando a função da coisa julgada, de sua indiscutibilidade e, principalmente, de instituto que possui natureza de pacificação social, de estabilidade dos conflitos resolvidos pela tutela jurisdicional. Não seria possível explicar a razão de uma sentença que condena ao cumprimento de obrigação, que não o foi ao seu tempo, que teve seu fato gerador instantâneo (ainda que implique parcelamento futuro), não ser revisada.

As relações jurídicas possuem um *acontecimento* que as cria, denominados por alguns de *fato gerador.* A partir desse momento, as relações possuem, pelo

---

[236] Conf. *Robinson v. Robinson, 561, So. 2d 966 [La.Ct.App.1990]*
[237] TOMÉ, Maria João Romão Carreiro Vaz. O direito à pensão de reforma enquanto bem comum do casal. In: STVDIA IVRIDICA. *Boletim da Faculdade de Direito.* Coimbra: Coimbra Editora, n. 27, p. 360.
[238] CAHALI, Yussef Said. *Dos alimentos.* 4. ed. São Paulo: RT, 2002, p. 890-891.

critério temporal, a natureza de se prolongarem no tempo ou serem apenas instantâneas.

Se forem instantâneas, a sentença que realiza a tutela jurisdicional, como comando final, cria a norma do caso concreto, regulando a relação em face dos acontecimentos passados. Em regra, aliás, as sentenças tutelam o passado[239].

Afirma, nesse contexto, Humberto Theodoro Júnior, que a coisa deduzida em juízo "é enfrentada pela sentença exatamente como estavam os fatos e regras ao tempo do conflito gerador do processo [...] Se a relação jurídica material foi acertada em torno de fato isolado e consumado antes da sentença, a regra é a que veda venham as partes a rediscuti-lo e o juiz a reapreciar os efeitos já acertados pela sentença (CPC, art. 467 e 471)".[240]

Nesse sentido, afirma Teori Albino Zavascki que a sentença examina os fenômenos da incidência, prenunciando juízo de certeza sobre consequências jurídicas decorrentes da existência ou inexistência (ou o modo de ser) da relação jurídica. "O faz levando em consideração as circunstâncias de fato e de direito (norma abstrata e suporte fático) que então foram apresentados pelas partes".[241]

Se forem permanentes ou sucessivas, as relações se prolongarão no tempo, sendo possível reafirmar o exposto até aqui de que, nesses casos, a sentença que cria a regra do caso concreto considera determinados fatos e regras até aquele instante; não contemplando a alteração dos fatos (ou estados dos fatos) e das regras. "Ignorar os efeitos naturais da futura modificação das circunstâncias entraria em contradição com a própria regra material aplicada pela sentença".[242]

Há, no plano do direito material, relações jurídicas duradouras e complexas, cujos efeitos se prolongam no tempo, revelando-se sensíveis às mutações tanto de conteúdo fático como de direito. A sentença que regulou uma relação jurídica continuativa não pode impor a indiscutibilidade da coisa julgada ao tempo futuro daquela relação, já que o próprio regime de direito substancial pressupõe possibilidade de mutações supervenientes.

---

[239] Não se desconhece as sentenças que julgam relações jurídicas sujeitas a termo ou condição (CPC, art. 572), onde a sentença é proferida antes da ocorrência da condição ou do termo. Aqui não há a pretensão subjetiva de quando a regra incidente não foi obedecida. Somente terá pretensão subjetiva quando a condição ou termo se realizar. Contudo, diferente do que está sendo explicado, nessas hipóteses não há prolongamento no tempo após o acontecimento ou fato gerador. Ocorrendo, ele será instantâneo.

[240] THEODORO JÚNIOR, Humberto. Coisa julgada – juros moratórios – execução de sentença – alteração superveniente da taxa legal do juros moratórios – regime revisional próprio das sentenças determinativas (CPC, artigo 471, I). In: *Revista Magister de Direito Civil e Processual Civil*, n. 32, Set.-Out./2009, p. 9.

[241] ZAVASCKI, Teori Albino. *Coisa julgada em matéria constitucional: eficácia das sentenças nas relações jurídicas de trato continuado*. Disponível em <http://www.abdpc.org.br/abdpc/artigos/Teori%20Zavascki%20-%20formatado.pdf>. Acesso em: 30 nov. 2011.

[242] THEODORO JÚNIOR, Humberto. Coisa julgada – juros moratórios – execução de sentença – alteração superveniente da taxa legal do juros moratórios – regime revisional próprio das sentenças determinativas (CPC, artigo 471, I). In: *Revista Magister de Direito Civil e Processual Civil*, n. 32, Set.-Out./2009, p. 10.

É exemplo comum de relação jurídica continuativa a decorrente da paternidade que gera dentre outros deveres imediatos e mediatos, o de prestar alimentos ao filho. Enquanto for mantida a relação jurídica eficacial duradoura (existência da necessidade de prestar alimentos), haverá pretensão e dever, que decorrem da relação jurídica básica ou fundamental (paternidade). O término da relação eficacial não encerra por si a relação jurídica base.

É comum durante a sua dilação de permanência por longo período de tempo dessas relações eficaciais, baseadas em fatos jurídicos continuativos, a alteração das condições fáticas dos sujeitos envolvidos na relação jurídica (pai e filho). Pode haver aumento ou redução, tanto da capacidade do alimentante, quanto da necessidade do alimentado, autorizando a ação revisional face à alteração do estado de fato.

Há muito não se discute sobre a existência ou não, ou melhor, a incidência ou não do instituto da coisa julgada (formal e material) às sentenças das ações decorrentes de relações jurídicas continuativas, especificamente das decorrentes das relações de dever de prestar alimentos. As frequentes ações revisionais, no entanto, não afrontam a indiscutibilidade do *decisum,* e quer parecer que correta a doutrina que assim afirma, sendo que tal entendimento se estende às demais sentenças que regulam relações contituativas.

Afinal, de nenhuma particularidade especial se reveste a sentença nesses casos e as tentativas de criar outra eficácia (ou ampliar a fenomenologia sentencial) para as chamadas "determinativas",[243] é duvidosa.[244]

Tratando sobre as sentenças determinativas ou dispositivas, nas quais o juiz decide segundo as circunstâncias, ou segundo a equidade, Enrico Tullio Liebman afirma que a determinação de uma relação jurídica, feita pela sentença, pode ser modificada, mudando as circunstâncias. Entende existir a cláusula *rebus sic stantibus*, mas diversamente de Chiovenda e Carnelutti, que entendem haver uma atenuação da coisa julgada, Liebman afirma que a possibilidade acenada, de mudança, "somente se verifica para as sentenças dispositivas que se referem a uma relação continuativa, cujos elementos sejam, por sua natureza, variáveis". Diz que para tais sentenças a coisa julgada se forma como todas as outras e vale enquanto permanecerem inalteradas as condições da relação. A mudança somente irá se operar quando e na medida em que variarem as circunstâncias que determinaram a decisão. Assim, entende que não há uma atenuação da coisa julgada, pois de certo modo todas as sentenças contêm implicitamente a cláusula *rebus sic stantibus*, sendo que a coisa julgada não impede absolutamente que se tenha em conta os fatos que intervierem sucessivamente à emanação da sentença, como é o caso do devedor que paga a soma devida,

---

[243] Também conhecida na doutrina como "dispositiva" (LIEBMAN, Enrico Tullio. *Eficácia e autoridade da sentença e outros escritos sobre a coisa julgada*. 3. ed. Rio de Janeiro: Forense, 1984, p. 23-26).

[244] ASSIS, Araken de. Breve contribuição ao estudo da coisa julgada nas ações de alimentos. In: *Revista da AJURIS*, v. 46, 1989, p.90.

perdendo a condenação todo o seu valor. E tal situação não se verifica nos casos em que a relação se prolonga no tempo, em que a determinação feita pelas circunstâncias concretas do caso, havendo mudança deste, se justifica, sem mais, uma correspondente adaptação da determinação precedente. Desta forma, há aplicação, e não derrogação dos princípios gerais, não encontrando obstáculo à coisa julgada que fará sentir toda sua força. Fecha a fundamentação da sua posição afirmando:

> [...] nestes casos não é a rigidez menor da coisa julgada, mas sim a natureza da relação jurídica, que continua a viver no tempo com conteúdo ou medida determinados por elementos essencialmente variáveis, de maneira que os fatos que sobrevenham podem influir nela, não só no sentido de extingüi-la, fazendo por isso extinguir o valor da sentença, mas também no sentido de exigir mudança na determinação dela, feita anteriormente.[245]

Embora exista a permissão legal que possibilita a revisão dos efeitos da sentença em relações jurídicas continuativas (onde se verifique alteração do estado de fato), para explicar a inexistência de infração à coisa julgada, casos há, que se pode afirmar não existir a tríplice identidade nas ações e, por isso, a ação revisional seria nova ação, sem ofensa à coisa julgada (entendimento majoritário para ação revisional de alimentos).[246]

Consolida-se, assim, o entendimento de que as sentenças proferidas em ações que possuem por objeto relações jurídicas de trato continuado, nas quais o exemplo mais utilizado pela doutrina é da relação jurídica eficacial duradoura – dever de prestar alimentos – podem ter sua eficácia limitada no tempo, quando fatos supervenientes alterarem os dados da equação nela traduzida,[247] embora somente em alguns casos exista a possibilidade legislativa de revisar os efeitos das decisões; preservando-se a sentença anterior e o instituto da coisa julgada.

---

[245] LIEBMAN, Enrico Tullio. *Eficácia e autoridade da sentença e outros escritos sobre a coisa julgada*. 3. ed. Rio de Janeiro: Forense, 1984, p. 23-26.

[246] "Em se tratando de relação jurídica continuativa, a sentença tem implícita a cláusula *rebus sic stantibus*, e a ação revisional é outra ação, tem objeto próprio e diferente causa de pedir. Diante da nova situação fática, não pode prevalecer decisão exarada frente a distintas condições das partes." (DIAS, Maria Berenice. *Conversando sobre alimentos*. Porto Alegre: Livraria do Advogado, 2006, p. 76). "Fundamentalmente constitui a ação revisional nova demanda, não conexa à anterior. Envolve nova *causa petendi*, com relação jurídica de direito material própria." (MARMITT, Arnaldo. *Pensão alimentícia*. Rio de Janeiro: Aide, p. 139). "O impedimento encontrável na coisa julgada material supõe identidade total das ações (art. 301, §§ 2º e 3º). Portanto, alterada a causa de pedir da primeira demanda, em razão de superveniente opulência, se descaracteriza o óbice." (CAHALI, Yussef Said. *Dos alimentos*. 4. ed. São Paulo: RT, 2002, p. 889). Entendimento que é acompanhado por outros autores: SPENGLER, Fabiana Marion. SPENGLER NETO, Theobaldo. *Inovações em direito e processo de família*. Porto Alegre: Livraria do Advogado, 2004, p. 191.

[247] FABRÍCIO, Adroaldo Furtado. A coisa julgada nas ações de alimentos. *Revista da AJURIS*, n. 52, p. 5-33, jul. 1991.

4. Relações jurídicas continuativas relativas a interesses e direitos difusos e coletivos *stricto sensu*: revisão da sentença proferida em ação civil pública

A inexistência de um Código de Processo Coletivo, com regras voltadas às peculiaridades inerentes às relações em que se tutelam interesses e direitos difusos e coletivos *stricto sensu,* tem sido discussão recorrente na doutrina.

O sistema brasileiro esteve muito próximo, aliás, de ter o que ficou conhecido como Código de Processo Coletivo. O Projeto de Lei 5.139 buscou disciplinar a ação civil pública para a tutela de interesses difusos, coletivos ou individuais homogêneos.

Certo é que o sistema jurídico processual, da tutela das difusas relações sociais, ao buscar estabelecer liames com a velha doutrina, individualista, padece de certas dificuldades.

A tentativa de translado e aplicação de categorias processuais oriundas da jurisdição singular às ações coletivas *lato sensu* tem gerado questionamentos de como chegar a uma sistemática viável face à existência de pressupostos próprios, de planos jurisdicionais que possuem finalidades que não se confundem.[248] Como exemplo, tomam-se as afirmações de Antônio Gidi, no ponto específico à coisa julgada, que diz não ser possível fazer o transplante puro e simples, do regime jurídico da coisa julgada das ações individuais para as ações coletivas, concluindo não ser adequado sequer tentar introduzir em nosso ordenamento institutos de outros sistemas jurídicos, alienígenas, sem a necessária adaptação.[249]

Adaptação essa que muitas vezes não precisa ser legislativa ou mesmo de rechaçar o arcabouço doutrinário existente, mas de compreender na essência os institutos jurídicos. Iniciar pelas premissas muitas vezes é o quanto basta!

---

[248] MANCUSO, Rodolfo de Camargo. *Jurisdição coletiva e coisa julgada*: Teoria geral das ações coletivas. São Paulo: RT, 2007, p. 99.

[249] GIDI, Antônio. *Coisa julgada e litispendência em ações coletivas.* São Paulo: Saraiva, 1995, p. 57.

Ou seja, construir o raciocínio a partir do fato inicial, evoluir entre os institutos, dando a devida atribuição jurídica a cada elemento, ajustando, por um olhar sistêmico as devidas estruturas jurídicas e formas de tutela judicial.

O que está sendo proposto neste trabalho, então, é a adoção de uma nova interpretação para as relações jurídicas que possuem como núcleo fatos sobre os quais incidiram regra jurídica para tutela de interesses difusos e coletivos *stricto sensu*. Logo, há incidência de direito objetivo (regra) sobre fatos que o homem particulariza como tais, que por sua natureza fática de desdobramento temporal, em uma *esteira de eficácias*,[250] há possibilidade legal de revisão das decisões por alteração do estado de fato sem ofensa à coisa julgada.

Ao longo deste trabalho, foram estudados elementos que, juntamente com os que serão desenvolvidos a partir deste capítulo, tendem a fechar o raciocínio em torno da hipótese de demonstrar a possibilidade de revisar a sentença proferida em Ação Civil Pública, sem ofensa à coisa julgada, independentemente de prazo (como, por exemplo, os fixados no art. 38 do Projeto de Lei 5.139/2009, para a ação rescisória ou mesmo para revisão).

4.1. Ação civil pública

Neste ponto, será analisada a Ação Civil Pública;[251] aquela prevista na Lei 7.347, de 1985, instrumento especial para promover a tutela de interesses difusos *lato sensu*, gênero que abarca, também, os interesses e direitos coletivos *stricto sensu*, com os complementos da Constituição, do Código de Defesa do Consumidor e do Código de Processo Civil.

Embora a doutrina, a jurisprudência e operadores do Direito utilizem a expressão "ação civil pública" referida tanto à tutela de direitos coletivos, quanto à tutela coletiva de direitos, parece que embora "não constitua exigência científica", há importância prática e didática em diferenciar "ação civil pública", voltada à tutela de interesses ou direitos difusos e coletivos *stricto sensu*, e *ação civil coletiva*, voltada à tutela de direitos individuais homogêneos.[252]

O objeto de estudo será, portanto, a ação civil pública, enquanto referida à tutela de interesses ou direitos difusos ou coletivos *stricto sensu*, qualquer que seja o legitimado ativo.

---

[250] MIRANDA, Pontes de. *Tratado de Direito Privado*. T. 1, São Paulo: Bookseller, 1999, p. 171.

[251] A Lei da Ação Civil Pública (LACP) é considerada um marco, pois foi nela que o legislador fez intencional manifestação de buscar a tutela efetiva dos interesses e direitos de terceira dimensão (talvez os de quarta e quinta dimensões [?] (SARLET, Ingo Wolfgang. *A eficácia dos direitos fundamentais*: uma teoria geral dos direitos fundamentais na perspectiva constitucional. Porto Alegre: Livraria do Advogado, 2009, p. 50-52) cuja Ação Popular, instrumento que até aquele momento a sociedade dispunha, não era apta a instrumentar.

[252] ZAVASCKI, Teori Albino. *Processo Coletivo*: Tutela de direito coletivos e tutela coletiva de direitos. 4. ed. São Paulo: RT, 2009, p. 53-55.

4.1.1. Objeto

A Ação Civil Pública,[253] [254] enquanto instrumento de tutela de direitos de terceira dimensão[255] (difusos e coletivos), serve "à manutenção da ordem jurídica e ao regime democrático, já que instrumento para o exercício da cidadania"[256] e pode "veicular qualquer espécie de pretensão".[257]

O pedido imediato, em ação civil pública, pode ter qualquer natureza: condenatória, declaratória, constitutiva, mandamental ou executiva.

O pedido mediato pode ser de condenação em dinheiro ou o cumprimento de obrigação de fazer[258] ou não fazer[259] (art. 3º da LACP, com preferência

---

[253] Como lembra Gavronski, inicialmente para os casos de interesses e direitos transindividuais sua aplicabilidade estava restrita "aos direitos difusos expressamente previstos nos incisos I a III, ou seja, ao meio ambiente, ao consumidor e aos bens e direitos de valor artístico, estético, histórico, turístico e paisagístico." (MILARÉ, Edis (coord.). *A ação civil pública após 20 anos*: efetividade e desafios. São Paulo: RT, 2005, p. 27).

[254] "A Lei 7.347/85 – a denominada lei da ação civil pública – acaba de completar 20 anos. Há muito com o que se regozijar, mas também resta muito a fazer. Não há dúvidas de que a lei revolucionou o direito processual brasileiro, colocando o país numa posição de vanguarda entre os países de *civil law* e ninguém desconhece os excelentes serviços prestados à comunidade na linha evolutiva de um processo individualista para um processo social" (GRINOVER. Ada Pellegrini; MENDES, Aluisio Gonçalves de Castro; WATANABE. Kazuo. *Direito processual coletivo e o anteprojeto de Código Brasileiro de Processos Coletivos*. São Paulo: RT, 2007, p. 448).

[255] "Os direitos fundamentais da terceira dimensão, também denominados de direitos de fraternidade ou de solidariedade, trazem como nota distintiva o fato de se desprenderem, em princípio, da figura do homem-indivíduo como seu titular, destinando-se à proteção de grupos humanos (família, povo, nação), e caracterizando-se, consequentemente, como direitos de titularidade coletiva ou difusa. Para outros, os direitos da terceira dimensão têm por destinatário precípuo 'o gênero humano mesmo, num momento expressivo de sua afirmação como valor supremo em termos de existencialidade concreta'. Dentre os direitos fundamentais da terceira dimensão consensualmente citados, cumpre referir os direitos à paz, à autodeterminação dos povos, à conservação e utilização do patrimônio histórico e cultural e o direito de comunicação. Cuida-se, na verdade, do resultado de novas reivindicações fundamentais do ser humano, geradas, dentre outros fatores, pelo impacto tecnológico, pelo estado crônico de beligerância, como bem pelo processo de descolonização do segundo pós-guerra e suas contundentes conseqüências, acarretando profundos reflexos na esfera dos direitos fundamentais. A nota distintiva destes direitos da terceira dimensão reside basicamente na sua titularidade coletiva, muitas vezes indefinida e indeterminável, o que se revela, a título de exemplo, especialmente no direito ao meio ambiente e qualidade de vida, o qual, em que pese ficar preservada sua dimensão individual, reclama novas técnicas de garantia e proteção. A atribuição da titularidade de direitos fundamentais ao próprio Estado e à Nação (direitos à autodeterminação, paz e desenvolvimento) tem suscitado sérias dúvidas no que concerne à própria qualificação de grande parte destas reivindicações como autênticos direitos fundamentais. Compreende-se, portanto, porque os direitos da terceira dimensão são denominados usualmente como direitos de solidariedade ou fraternidade, de modo especial em face de sua implicação universal ou, no mínimo, transindividual, e por exigirem esforços e responsabilidades em escala até mesmo mundial para sua efetivação." (SARLET, Ingo Wolfgang. *A eficácia dos direitos fundamentais*: uma teoria geral dos direitos fundamentais na perspectiva constitucional. Porto Alegre: Livraria do Advogado, 2009, p. 48-49).

[256] MORAES, Voltaire de Lima. *Ação civil pública*: alcance e limites da atividade jurisdicional. Porto Alegre: Livraria do Advogado, 2007, p.23.

[257] MARINONI, Luiz Guilherme; ARENHART, Sérgio Cruz. *Curso de processo civil. Processo de conhecimento*. 6. ed. São Paulo: RT, v.2, 2007, p.736.

[258] "É aquela que vincula o devedor à prestação de um serviço ou ato positivo, material ou imaterial, seu ou de terceiro, em benefício do credor ou de terceira pessoa. Tem por objeto qualquer comportamento humano, lícito e possível, do devedor ou de outra pessoa às custas daquele [...]" (DINIZ, Maria Helena. *Dicionário jurídico*. São Paulo: Saraiva, v.3, J-P, 1998, p. 411).

para a recomposição da lesão *in specie,* por se tratar de interesses[260] e direitos difusos e coletivos *stricto sensu,* também denominados transindividuais, supraindividuais ou, ainda, metaindividuais. "Os direitos pertencentes não somente a um indivíduo, mas a uma coletividade".[261]

Na Constituição, o objeto da ação civil pública está indicado no seu artigo 129, III: "a proteção do patrimônio público e social, do meio ambiente e de outros interesses difusos e coletivos".

O artigo 1º da Lei 7.347/85 aponta como objeto da ação civil pública o exame da responsabilidade por danos morais[262] e patrimoniais causados ao meio ambiente, ao consumidor, à ordem urbanística, a bens e direitos de valor artístico, estético, histórico, turístico e paisagístico, por infração da ordem econômica, da economia popular e a qualquer outro interesse difuso ou coletivo.[263]

---

[259] "[...] Caracteriza-se, portanto, pela abstenção de um ato por parte do devedor em benefício do credor ou de terceiro. É uma obrigação negativa, visto que o devedor se conserva numa situação omissiva, pois a prestação negativa a que se comprometeu consiste numa privação ou num ato de tolerância, entendida esta como abstenção de resistência ou oposição, que poderia exercer se não houvesse a obrigação." (DINIZ, Maria Helena. *Dicionário jurídico.* São Paulo: Saraiva, v.3, J-P, 1998, p. 412).

[260] "Os termos 'interesses' e 'direitos' vêm sendo utilizados, atualmente, como sinônimos, certo é que, a partir do momento em que passam a ser amparados pelo direito, os 'interesses' assumem o mesmo *status* de 'direitos', desaparecendo qualquer razão prática, e mesmo teórica, para a busca de uma diferenciação ontológica entre eles" (WATANABE, Kazuo. *XXXI – Do objeto litigioso das ações coletivas:* cuidados necessários para sua correta fixação. In: MILARÉ, Edis (coord.). *A ação civil pública após 25 anos.* São Paulo: RT, 2010, p. 501).

[261] GRANTHAM, Silvia Resmini. Os limites subjetivos da coisa julgada nas demandas coletivas. In: *Revista da Ajuris,* n. 91, set. 2003, p. 270.

[262] AÇÃO CIVIL PÚBLICA. DANOS MORAIS COLETIVOS. ART. 1º, INC. I, LEI Nº 7.347/85. MORTE DE ANIMAL COM REQUINTES DE INAUDITA CRUELDADE: DESINTEGRAÇÃO DO CORPO DE CACHORRA E SEUS FETOS. COMOÇÃO SOCIAL DE ALCANCE INTERNACIONAL. AUTONOMIA DAS ESFERAS JURÍDICAS DO RESSARCIMENTO DO DANO CIVIL E DA REPRIMENDA PENAL, BEM COMO QUANTO AQUELA MERAMENTE FÁTICA, ONDE SITUADA A REPULSA SOCIAL. As coletividades são passíveis de agressão a valores não-patrimoniais, nelas enfeixados, modo difuso, incluindo-se entre eles sentimento de respeito à vida dos seres próximos às criaturas humanas. Caso da "Cadela Preta", barbaramente morta, com desintegração de seu corpo e fetos, arrastada pelas ruas centrais de Pelotas, à vista de todos, por mera diversão de seus autores, gerando notória comoção social. Agressão a sentimentos indispensáveis às coletividades, sem os quais a própria vida em sociedade passa a ser impossível. RESPONSABILIDADES CRIMINAL E CIVIL. AUTONOMIA. REPULSA SOCIAL. Inconfundíveis as responsabilidades civil e criminal, cada uma tratando de determinada esfera de valores, o que leva a que a punição penal não afaste a reparação do dano civil. A repulsa social, não compreendida pelo o réu, que se mudou de cidade e trancou estudos em faculdade local, evidencia a agressão causada à coletividade, no que, embora inconfundível com a primitiva "perda da paz", e a expulsão da comunidade, representou, na hipótese dos autos, a impossibilidade do convívio social como idealizado pelo apelado. (Apelação Cível nº 70037156205, Vigésima Primeira Câmara Cível, Tribunal de Justiça do RS, Relator: Armínio José Abreu Lima da Rosa, Julgado em 11/08/2010)

[263] Na versão vestibular da Lei da Ação Civil Pública, no art. 1º, inciso IV, no art. 4º e no art. 5º, que previam a aplicação também para "qualquer interesse difuso ou coletivo", a expressão fora vetada. As razões do então presidente José Sarney em seu veto foram: "As razões de interesse público dizem respeito precipuamente a insegurança jurídica, em detrimento do bem comum, que decorre da amplíssima e imprecisa abrangência da expressão "qualquer outro interesse difuso". A amplitude de que se revestem as expressões ora vetadas do Projeto mostra-se, no presente momento de nossa experiência jurídica, inconveniente. É preciso que a questão dos interesses difusos, de inegável relevância social, mereça, ainda, maior reflexão e análise. Trata-se de instituto cujos pressupostos conceituais derivam de um processo de elaboração doutrinária, a recomen-

A responsabilidade por dano moral decorre "de conduta antijurídica, ofensa grave e intolerável a valores e interesses morais de uma dada comunidade, dano que é perceptível a partir da sensação de perda de estima, de indignação, de repulsa, de humilhação ou de outro sentimento que ofenda a dignidade humana".[264] Advirta-se, porém, que a existência de dano moral coletivo não é questão pacífica nem na doutrina[265] nem na jurisprudência.[266]

A Lei 7.347/85 veda a ação, relativamente a pretensão que envolva tributos, contribuições previdenciárias, o Fundo de Garantia do Tempo de Serviço – FGTS – ou outros fundos de natureza institucional cujos beneficiários podem ser individualmente determinados,[267] regra lamentada pela doutrinada e considerada como em contradição aos propósitos da própria lei.

Para alguns, como Ana Maria Scartezzini,[268] "a disponibilidade na relação jurídica tributária, embora decorrente de uma obrigação *ex lege*, uma vez que são admissíveis a moratória, a isenção, a compensação, dentre outros institutos aplicáveis à matéria", seria o suporte da exceção inicialmente introduzida por Medida Provisória, o que encontra respaldo na jurisprudência,[269] posição acompanhada por Carlos Velloso,[270] mas que encontra resistência.[271] Observa Hugo Nigro Mazzilli:

---

dar, com a publicação desta Lei, discussão abrangente em todas as esferas de nossa vida social." (Texto do veto disponível em <http://www.planalto.gov.br/ccivil_03/Leis/Mensagem_Veto/anterior_98/Mvep359-85.htm>. Acesso em: 25 jan. 2011).

[264] TJRS. Apelação Cível n. 70035339431. 10ª Câmara Cível, Rel. Des.Túlio Martins, j. 16/12/2010.

[265] "No que se refere especificamente a danos morais (que, por sua natureza, não podem ser considerados transindividuais), o art. 1º da Lei da Ação Civil Pública (Lei 7.347/85) enseja a hipótese dessa cumulação." (ZAVASCKI, Teori Albino. *Processo Coletivo*: Tutela de direitos coletivos e tutela coletiva de direitos. 4. ed. São Paulo: RT, 2009, p.61).

[266] AGRAVO REGIMENTAL EM RECURSO ESPECIAL. ADMINISTRATIVO. AÇÃO CIVIL PÚBLICA. SERVIÇO DE TELEFONIA. POSTOS DE ATENDIMENTO. REABERTURA. DANOS MORAIS COLETIVOS. INEXISTÊNCIA. PRECEDENTE. AGRAVO IMPROVIDO. 1. A Egrégia Primeira Turma firmou já entendimento de que, em hipóteses como tais, ou seja, ação civil pública objetivando a reabertura de postos de atendimento de serviço de telefonia, não há falar em dano moral coletivo, uma vez que "Não parece ser compatível com o dano moral a idéia da 'transindividualidade' (= da indeterminabilidade do sujeito passivo e da indivisibilidade da ofensa e da reparação) da lesão" (REsp nº 971.844/RS, Relator Ministro Teori Albino Zavascki, in DJe 12/2/2010). 2. No mesmo sentido: REsp nº 598.281/MG, Relator p/ acórdão Ministro Teori Albino Zavascki, in DJ 1º/6/2006 e REsp nº 821.891/RS, Relator Ministro Luiz Fux, in DJe 12/5/2008. 3. Agravo regimental improvido. (STJ. AgRg no REsp 1109905/PR, DJe 03/08/2010)

[267] Parágrafo único do artigo primeiro, da Lei 7.437/85, introduzido pela Medida Provisória n. 2.180-35 de 2001.

[268] SCARTEZZINI, Ana Maria. Ação Civil Pública. In: WALD, Arnoldo. (coord.). *Aspectos polêmicos da ação civil pública*. São Paulo: Saraiva, 2003, p.16.

[269] "[...] O Ministério Público não tem legitimidade para promover ação civil pública visando obstar a cobrança de tributos, por se tratar de direitos individuais homogêneos, identificáveis e divisíveis, que devem ser postulados por seus próprios titulares." (REsp 516.914/PE, DJ 19.12.2005).

[270] VELLOSO, Carlos Mário da Silva. Processo judicial tributário: medidas judiciais que o integram e a legitimidade do Ministério Público para a ação civil público que tem por objeto o não-pagamento de um tributo. In: WALD, Arnoldo. (coord.). *Aspectos polêmicos da ação civil pública*. São Paulo: Saraiva, 2003, p.101-114.

[271] Cf. MARINS, James. *Ações coletivas em matéria tributária*. Revista de Processo, v. 76, p. 96-103, 1994.

> Alguns tributos podem assumir caráter de lesão a interesses transindividuais, até mesmo divisíveis, como ocorre nas cobranças indevidas de contribuições de melhorias, ou em aumentos ilegais de taxas ou até impostos (nos quais pode haver danos a interesses coletivos ou a interesses individuais homogêneos). Nesses casos, se não é mesmo possível, nem próprio, ajuizar ação civil pública para obter, por vias transversais, aquilo que só uma ação direta de inconstitucionalidade permitiria (como a supressão de todos os efeitos atuais e futuros da própria lei), ao menos é perfeitamente possível que a ação civil pública da Lei n. 7.347/85 seja utilizada, por exemplo, para obter o cancelamento de lançamentos concretos indevidos em determinado exercício, ou para buscar a repetição do indébito de tributos já recolhidos, sempre em defesa de grupo, classe ou categoria de pessoas que tenham sofrido lesão a interesses individuais homogêneos. Mas isso só será possível se o ataque não visar a todos os efeitos da lei, de forma que não se possa falar em estar a ação civil pública a substituir indevidamente a ação direta de inconstitucionalidade.[272]

Os interesses e direitos difusos e coletivos que servem de objeto da ação civil pública são aqueles que pertencem a classes de pessoas ou grupos, cuja titularidade é subjetivamente *indeterminada* ou *relativamente determinável*, denominados de interesses e direitos *difusos* ou *coletivos (stricto sensu)*, respectivamente.

Assim, difícil é a delimitação exata de quais seriam esses interesses e direitos, já que uma ampla variedade de possibilidades está contida no conceito aberto ("outros interesses difusos e coletivos") utilizado pela legislação.

Observa Hugo Nigro Mazzili que, salvo as limitações de objeto introduzidas no parágrafo único do art. 1º da LACP, inexiste taxatividade de objeto para a defesa judicial de interesses transindividuais", e acrescenta:

> Por isso, além das hipóteses já expressamente previstas em diversas leis (defesa de meio ambiente, consumidor, patrimônio cultural, crianças e adolescentes, pessoas portadoras de deficiências físicas, investidores lesados no mercado de valores mobiliários, ordem econômica, economia popular, ordem urbanística) – quaisquer outros interesses difusos, coletivos ou individuais homogêneos podem em tese ser defendidos em juízo por meio da tutela coletiva.[273]

Embora não seja possível enumerá-los exaustivamente, pode-se, ao menos, trabalhar conceitualmente interesses e direitos.

Definição legal é a contida no artigo 81 do Código de Defesa do Consumidor, Lei 8.078/90.

O inciso I trata dos interesses ou direitos difusos, assim entendidos os transindividuais, de que sejam titulares pessoas indeterminadas e ligadas por circunstâncias de fato, e o inciso II, de interesses ou direitos coletivos (*stricto sensu*), assim entendidos os transindividuais, de natureza indivisível de que seja

---

[272] MAZZILLI, Hugo Nigro. *A defesa dos interesses difusos em juízo*: meio ambiente, consumidor, patrimônio cultural, patrimônio público e outros interesses. 16. ed. São Paulo: Saraiva, 2003, p. 131.
[273] Idem, p. 118.

titular grupo, categoria ou classe de pessoas ligadas entre si ou com a parte contrária por uma relação jurídica base.

Os direitos e interesses difusos referem-se a bens indivisíveis, não sendo possível proteger os interesses de um sem automaticamente proteger os dos demais indivíduos da comunidade, que estejam na mesma situação (fática). É por isso que Pedro da Silva Dinamarco afirma[274] que nos interesses difusos, ou a tutela atinge todos ou não atinge ninguém, já que não é mera soma de pluralidade de pretensões individuais.

Assim, por exemplo, "a pretensão ao meio ambiente hígido, posto compartilhada por número indeterminável de pessoas, não pode ser quantificada ou dividida entre os membros da coletividade". [275] O meio ambiente, aliás, é o mais claro exemplo de interesse difuso.

Interesses ou direitos coletivos *stricto sensu* veem-se bem na relação laboral, em casos de indivisibilidade: interesses, como o da fixação de um piso mínimo para a categoria; direitos, como o relativo a um meio ambiente de trabalho sadio. Tanto quanto nos interesses difusos, há individisibilidade, residido a diferença na ligação do grupo a uma "relação jurídica-base que os une à parte contrária: a relação de emprego".[276]

A causa de pedir serve para identificar o pedido e individualizar a demanda, o que contribui para traçar os contornos da coisa julgada. É por meio da análise concomitante da causa de pedir e do pedido que se verifica a espécie do direito coletivo que se pretende tutelar.

Diz Kazuo Watanabe que, por falta de atenção na observância da causa de pedir (e do pedido), ocorre "multiplicidade de demandas coletivas com idênticos objeto e objetivo".[277]

É importante ter claro o fundamento e os termos em que é postulada a tutela, também para que não haja demanda para "tutela de interesses individuais, com a incorreta denominação de 'demanda coletiva' (eventualmente poderá tratar-se de tutela coletiva de interesses individuais 'homogêneos')". [278]

É certo, porém, que "os mesmos fatos podem constituir relações jurídicas diversas, podendo a partir daí, advirem questões de interesse difuso, coletivo e individual homogêneo simultaneamente".[279]

---

[274] DINAMARCO, Pedro da Silva. *Ação civil pública*. São Paulo: Saraiva, 2001, p. 53.
[275] MAZZILLI, Hugo Nigro. *A defesa dos interesses difusos em juízo*: meio ambiente, consumidor, patrimônio cultural, patrimônio público e outros interesses. 16. ed. São Paulo: Saraiva, 2003, p. 48-50.
[276] DINAMARCO, Pedro da Silva. *Ação civil pública*. São Paulo: Saraiva, 2001, p. 56.
[277] WATANABE, Kazuo. XXXI – Do objeto litigioso das ações coletivas: cuidados necessários para sua correta fixação. In: MILARÉ, Edis (coord.). *A ação civil pública após 25 anos*. São Paulo: RT, 2010, p. 506
[278] Idem, p. 507-508.
[279] BERTOLDI, Thiago Moraes. *Objeto das ações coletivas: causa de pedir, pedido e interesse de agir*. Disponível em <http://www.processoscoletivos.net/ve_artigo.asp?id=56>. Acesso em: 31 jan. 2011.

4.1.2. Legitimidade

Possível observar que a proposta deste trabalho não trata de aplicar uma categoria jurídica distinta e específica da jurisdição singular na coletiva, mas de interpretar corretamente uma categoria do sistema jurídico, que encontra raízes na teoria geral do direito, que é a da relação jurídica continuativa; dos fatos jurídicos continuativos.

Contudo, há casos de evidente distinção entre categorias do plano singular e do coletivo.[280] A *legitimidade*, por exemplo, no plano singular se apresenta como *ordinária* quando o titular da relação jurídica discutida defende em nome próprio, direito próprio, e em *extraordinária*,[281] quando o legitimado não coincide com o titular do direito, podendo agir em nome próprio em defesa de interesse alheio.

Essa última espécie divide-se ainda em *subordinada*, quando a presença do legitimado extraordinário está subordinada à presença do legitimado ordinário e em *autônoma,* quando não há essa subordinação.[282]

Por fim, a legitimidade extraordinária autônoma divide-se em *exclusiva,* "quando a lei reserva, com exclusividade, ao legitimado extraordinário a atuação em juízo" e em *concorrente*, quando estiverem "tanto o titular do direito substantivo como o legitimado extraordinário, autorizados a defender o interesse em juízo, sem que haja rebaixamento no nível do legitimado ordinário".[283]

Nas ações cujo objeto é interesse ou direito difuso ou coletivo *stricto sensu*, há indeterminação dos beneficiários, ligados por uma relação fática (difusos) ou jurídica base (coletivos). Não há como "encontrar o 'titular', o 'dono' do interesse objetivado, dado a inviabilidade de sua 'participação' ou 'fracionamento' (a chamada 'indivisibilidade do objeto') e, de outro lado, dado a impossibilidade de sua atribuição a certos 'titulares' (a chamada 'indeterminação dos sujeitos')".[284]

---

[280] "Outras dificuldades têm sido notadas pela concomitante aplicação à tutela de direitos ou interesses difusos e coletivos da Ação Civil Pública e da Ação Popular constitucional, acarretando problemas práticos quanto à conexão, à continência e à prevenção, assim como reguladas pelo CPC, o qual certamente não tinha e não tem em vista o tratamento das relações entre processos coletivos. [...] Assim, não se pode desconhecer que 20 anos de aplicação da LACP, com os aperfeiçoamentos trazidos pelo Código de Defesa do Consumidor, têm posto à mostra não apenas seus méritos, mas também suas falhas e insuficiências, gerando reações, quer do legislativo, quer do executivo, quer do judiciário, que objetivam limitar seu âmbito de aplicação." (GRINOVER. Ada Pellegrini; MENDES, Aluisio Gonçalves de Castro; WATANABE. Kazuo. *Direito processual coletivo e o anteprojeto de Código Brasileiro de Processos Coletivos*. São Paulo: RT, 2007, p. 448).

[281] O art. 6º do CPC. "Ninguém poderá pleitear, em nome próprio, direito alheio, salvo quando autorizado por lei".

[282] MENDES, Aluisio Gonçalves de Castro. *Ações coletivas no direito comparado e nacional*. (Coleção Temas Atuais de Direito Processual Civil). São Paulo: RT, v. 4, 2010, p. 250.

[283] Idem, p. 250.

[284] MANCUSO, Rodolfo de Camargo. *Ação civil pública em defesa do meio ambiente, do patrimônio cultural e dos consumidores*. 9. ed. São Paulo: RT, 2004, p. 130-131.

Pergunta Rodolfo de Camargo Mancuso: "a quem concerne o interesse pela preservação do pantanal matogrossense: aos 'pantaneiros' somente? Aos habitantes do Estado? Aos brasileiros? Ou já a toda humanidade, já que se trata de um santuário ecológico cuja defesa extravasa os lindes meramente geográficos?".[285]

Afirma José Maria Tesheiner que tentar aplicar a ideia de direitos subjetivos *apenas turva a clareza do pensamento*. Diz:

> Direitos subjetivos são direitos individuais, direitos de um indivíduo em face de outro (direitos privados) ou em face do Estado (direitos subjetivos públicos). Não existem "direitos difusos", direitos que, por serem de todos, acabam por ser de ninguém. Para explicar as ações relativas a direitos difusos, como as ambientais, por exemplo, não se precisa lançar mão da idéia de "direitos subjetivos". Basta a de "Direito objetivo". Para que exista direito subjetivo é certamente necessário que o Direito objetivo o declare ou reconheça (positivismo jurídico). Mas a recíproca não é verdadeira. Há extensões do Direito objetivo que não geram direitos subjetivos. Tome-se, por exemplo, a proibição de matar. Para explicá-la, não se precisa lançar mão da idéia de direito subjetivo, dizendo-se que todos e cada um têm o direito de não serem mortos. A idéia de Direito objetivo é suficiente para caracterizar o crime e justificar a imposição da pena. De igual sorte, não se precisa da idéia de "direito ao ar puro", para explicar a proibição de poluir. Daí a afirmação que faço enfaticamente: nas ações relativas aos chamados "direitos difusos", o juiz aplica, e às vezes também "cria" Direito objetivo. A referência, aí, a "direitos subjetivos" apenas turva a clareza do pensamento. [...] Pensada a tutela dos chamados direitos difusos como aplicação (eventualmente criação) do Direito objetivo, resta afastada, como corolário, a idéia de substituição processual.[286]

José Maria Tesheiner convida à outra reflexão, com a hipótese: em "uma ação em prol de animais objeto de maus tratos, seria possível dizer que o Ministério Público tem legitimidade extraordinária, sendo a ordinária a dos animais?"

Nessa linha de pensamento, Nelson Nery Júnior e Rosa Nery afirmam:

> Nas ações coletivas na tutela de direitos difusos e coletivos, trata-se de *legitimação autônoma para a condução do processo* (*selbständige Prozeßführungsbefugnis*) [...] Quando a ação coletiva for para a tutela de direitos individuais homogêneos [...], haverá substituição processual, isto é, legitimação extraordinária. A norma comentada encerra legitimação concorrente e disjuntiva [...].[287]

A conclusão que se chega é que há legitimação autônoma para propositura de ações relativas a interesses ou direitos difusos ou coletivos *stricto sensu*; há substituição processual nas ações relativas a direitos individuais homogêneos, porque aí sim há substituídos.

---

[285] MANCUSO, Rodolfo de Camargo. *Ação civil pública em defesa do meio ambiente, do patrimônio cultural e dos consumidores*. 9. ed. São Paulo: RT, 2004, p. 131-132.

[286] TESHEINER, José Maria Rosa. *Sobre os chamados "direitos difusos"*. Disponível em <http://www.processoscoletivos.net/ve_ponto.asp?id=164>. Acesso em: 28 jan. 2011.

[287] NERY JÚNIOR, Nelson Nery; NERY, Rosa Maria de Andrade. *Código de Processo Civil comentado e legislação processual civil extravagante em vigor*. 6. ed. São Paulo: RT, 2002, p.1339.

A legitimidade autônoma referida não é subespécie da extraordinária. Constitui *tertium genus*. Trata-se de legitimidade *ope legis*, isto é, decorrente da Lei.

É também *concorrente*, tendo em vista que o disposto no art. 5º da Lei 7.347/85[288] arrola outros legitimados,[289] inexistindo a necessidade da anuência de um para que qualquer outro proponha a ação e, finalmente, é *disjuntiva*,[290] pois a atuação pode ocorrer de forma isolada, não exigindo litisconsórcio, que, havendo "é facultativo".[291]

Ao contrário do que ocorre no sistema estadunidense,[292] os legitimados são indicados na Lei, não cabendo ao juiz, pelo menos em princípio, a verificação do "representante adequado"[293] (*Adequacy of Representation*).[294]

Nos termos do art. 5º da Lei 7.347/85, são legitimados: o Ministério Público, a Defensoria Pública, a União, os Estados, o Distrito Federal, os Municípios, autarquia, empresa pública, fundação ou sociedade de economia mista, como também as associações. Embora a lei preveja como requisitos concomitantes para as associações a constituição há pelo menos um ano e que tenha entre suas finalidades institucionais compatíveis com a defesa dos interesses e direitos questionados, é possível que seja dispensado o requisito temporal, na forma do § 4º do art. 5º da Lei 7.347/85, "quando presente o interesse social evidenciado pela dimensão do dano e pela relevância do bem jurídico a ser protegido" (e também pelo art. 82, § 1º, do CDC), o que é recepcionado na jurisprudência.[295]

A esse rol, observa Hugo Nigro Mazzilli, o art. 82 do CDC acrescentou "as entidades e órgãos da administração pública, direta ou indireta, ainda que sem personalidade jurídica, especificamente destinados à defesa dos interesses e direitos protegidos", que dependem, necessariamente, de autorização específica ou genérica da autoridade administrativa competente.[296] Por fim, a Cons-

---

[288] Cf. art. 82 do Código de Defesa do Consumidor, Lei 8.078/1990.

[289] O alargamento dos legitimados para propor a ação civil pública foi realizado pela Lei n. 11.448/07.

[290] MAZZILLI, Hugo Nigro. *A defesa dos interesses difusos em juízo*: meio ambiente, consumidor, patrimônio cultural, patrimônio público e outros interesses. 16. ed. São Paulo: Saraiva, 2003, p. 279.

[291] NERY JÚNIOR, Nelson; NERY, Rosa Maria de Andrade. *Código de Processo Civil comentado e legislação processual civil extravagante em vigor*. 6. ed. São Paulo: RT, 2002, p.1339.

[292] Cf. *Federal Rules of Civil Procedure, n. 23*, do Direito Americano (ver MENDES, Aluisio Gonçalves de Castro. Ações coletivas no direito comparado e nacional (Coleção Temas Atuais de Direito Processual Civil). São Paulo: RT, v.4, 2010, p. 58 e segs).

[293] TESHEINER, José Maria Rosa; MILHORANZA, Mariângela Guerreiro. *Temas de direito e processos coletivos*. Porto Alegre: HS Editora, 2010, p. 42.

[294] WATANABE, Kazuo. XIII World Congress of Procedural Law. In GRINOVER, Ada Pellegrini; WATANABE, Kazuo; MULLENIX, Linda. *Os processos coletivos nos países de civil law e common law*: uma análise de direito comparado (XIII Congresso Mundial de Direito Processual Salvador-Bahia, 16 a 22 de setembro de 2007, Tema 5, Novas tendências em matéria de legitimação e coisa julgada nas ações coletivas. São Paulo: RT, 2008, p. 302.

[295] STJ. REsp 706.449/PR, j. 26/05/2008, LEXSTJ v. 227, p. 75. No mesmo sentido, REsp 520.454/PE, j. 15/04/2004, LEXSTJ, v. 181, p. 157.

[296] MAZZILLI, Hugo Nigro. *A defesa dos interesses difusos em juízo: meio ambiente, consumidor, patrimônio cultural, patrimônio público e outros interesses*. 16. ed. São Paulo: Saraiva, 2003, p. 257-258.

tituição legitima os sindicatos e os partidos políticos com representação no Congresso Nacional.

Dos legitimados, destaca-se o Ministério Público, em cujas funções institucionais está a tutela de direitos ou interesses difusos e coletivos (Constituição Federal, art. 129, inciso III), devendo participar como *custos legis,* caso não intervenha no processo como parte (art. 5º, § 1º, LACP, e art. 92 do CDC).

A legitimidade da Defensoria Pública, afirmada na Lei, já foi contestada em duas ADINs.[297] Alegava-se desvirtuamento das funções da Defensoria Pública. Ada Pellegrini Grinover sustenta a constitucionalidade dessa atribuição,[298] no que é acompanhada por Vânia Damasceno Nogueira, a defender a ampliação do conceito de hipossuficientes, havendo várias espécies de necessitados, *v.g.*, econômicos, culturais, sociais, políticos etc.[299] [300]

Legitimação passiva para figurar na demanda é todo o "causador da lesão [...] ou aquele que tinha o dever jurídico de evitá-la".[301] "Seguem-se, também, as regras que impõem o litisconsórcio necessário (quando decorrer da natureza da relação jurídica ou por força de lei – CPC, art. 47) ou autorizam o facultativo".[302] É dispensável a inclusão de todos os responsáveis no polo passivo, embora fosse o mais adequado, sendo a responsabilidade entre os réus, solidária.[303]

O legitimado ativo, de regra,[304] não poderá "representar *passivamente* a categoria, classe ou grupo de lesados".[305] É o que sustenta Pedro da Silva Dinamarco, afirmando que, feita uma interpretação sistemática, "conclui-se que não existe a possibilidade de uma associação (ou qualquer outro grupo organizado) representar os *interesses exclusivos* de seus associados no pólo passivo de uma ação civil

---

[297] ADIN 3943/2007 (Disponível em <http://www.stf.jus.br/portal/peticaoInicial/verPeticaoInicial.asp?base=ADIN&s1=3943&processo=3943>. Acesso em: 14 dez. 2011) e ADIN 4452/2010 (Disponível em <http://www.stf.jus.br/portal/peticaoInicial/verPeticaoInicial.asp?base=ADIN&s1=4452&processo=4452>. Acesso em: 14 dez. 2011).

[298] Íntegra do parecer disponível em http://www.anadep.org.br/wtksite/cms/conteudo/4820/Documento10.pdf. Consultado em 14/02/2011. Também disponível em <http://www.sbdp.org.br/arquivos/material/542_ADI3943_pareceradapellegrini.pdf>. Acesso em: 14 dez. 2011.

[299] NOGUEIRA, Vânia Márcia Damasceno. A defensoria pública, o novo conceito de necessitado e a legitimidade para propositura da ação civil pública. In: MILARÉ, Edis (coord.). *A ação civil pública após 25 anos.* São Paulo: RT, 2010, p. 801-816.

[300] No mesmo sentido, CARNAZ, Daniele Regina Marchi; FERREIRA, Jussara Suzi Assis Borges Nasser; GOMES JÚNIOR, Luiz Manoel. *As ações civis públicas e a legitimidade da defensoria pública – análise de caso.* Disponível em <http://www.processoscoletivos.net/ve_artigo.asp?id=30>. Acesso em: 19 fev. 2011.

[301] FERRAZ, Antônio Augusto Mello de Camargo; MILARÉ, Edis; NERY JÚNIOR, Nelson. *A ação civil pública e a tutela jurisdicional dos interesses difusos.* São Paulo: Saraiva, 1984, p. 75.

[302] DINAMARCO, Pedro da Silva. *Ação civil pública.* São Paulo: Saraiva, 2001, p. 267.

[303] STJ. REsp 1087937/SP, DJe 17/06/2009

[304] A doutrina não é uniforme. Ada Pellegrini Grinover sustenta a possibilidade de participação de classe na posição de legitimada passiva (GRINOVER, Ada Pellegrini. Ações coletivas Ibero-Americanas: novas questões sobre legitimação e a coisa julgada. *Revista Forense*, v. 361, 2002, p. 3-12).

[305] MAZZILLI, Hugo Nigro. *A defesa dos interesses difusos em juízo*: meio ambiente, consumidor, patrimônio cultural, patrimônio público e outros interesses. 16. ed. São Paulo: Saraiva, 2003, p. 298.

pública [...], ainda que simultaneamente haja a proteção de interesses difusos, coletivos ou individuais homogêneos de pessoas representadas pelo autor".[306]

Parte da doutrina sustenta a impossibilidade de o Ministério Público figurar como parte passiva, porque desprovido de personalidade jurídica.[307] [308] Se a tutela for estritamente indenizatória, o réu será o Estado. Há, porém, de se admitir o Ministério Público como réu de ação rescisória de sentença proferida em ação civil pública por ele proposta,[309] bem como em ação com pedido de "imposição de conduta àquela instituição".[310]

Pela breve exposição sobre legitimidade, é possível verificar que o instituto da coisa julgada no plano coletivo dos interesses e direitos difusos e coletivos *stricto sensu* não tem como operar da mesma forma que opera sobre o restrito sistema da eficácia subjetiva da jurisdição singular. A relação submetida à apreciação do Estado não cuida de conflitos intersubjetivos, com partes determinadas, vai além. A eficácia do julgado coletivo certamente se expandirá "até onde se estendam os contornos do interesse metaindividual judicializado, desde que, naturalmente, o interesse da coletividade ou da categoria esteja adequadamente representado por um agente para tal credenciado".[311]

4.1.3. Coisa julgada na tutela de interesses e direitos difusos e coletivos "stricto sensu": plano constitucional e infraconstitucional

No que diz respeito à ação civil pública, dispõe o artigo 16 da Lei 7.347/85 que "a sentença civil fará coisa julgada *erga omnes,* nos limites da competência territorial do órgão prolator, exceto se o pedido for julgado improcedente por

---

[306] DINAMARCO, Pedro da Silva. *Ação civil pública*. São Paulo: Saraiva, 2001, p. 268-269.

[307] MAZZILLI, Hugo Nigro. *A defesa dos interesses difusos em juízo*: meio ambiente, consumidor, patrimônio cultural, patrimônio público e outros interesses. 16. ed. São Paulo: Saraiva, 2003, p. 299.

[308] No mesmo sentido, defendendo a impossibilidade de o Ministério Público figurar no polo passivo – MANCUSO, Rodolfo de Camargo. *Ação civil pública em defesa do meio ambiente, do patrimônio cultural e dos consumidores*. 9. ed. São Paulo: RT, 2004, p. 234-235.

[309] "AÇÃO RESCISÓRIA. DIREITO PÚBLICO NÃO ESPECIFICADO. AÇÃO CIVIL PÚBLICA. IMPROBIDADE ADMINISTRATIVA. LEGITIMIDADE PASSIVA DO MINISTÉRIO PÚBLICO. ALEGAÇÃO DE VIOLAÇÃO A LITERAL DISPOSIÇÃO DE LEI. REAPRECIAÇÃO DA PROVA. DESCABIMENTO. I – O Ministério Público é parte passiva legítima na ação rescisória, tendo figurado como parte autora na ação civil pública. Embora não possua personalidade jurídica, está investido de capacidade judiciária para atuar em juízo na defesa dos interesses constitucionalmente previstos, como é o caso dos autos, em que fora ajuizada ação civil pública por atos de improbidade administrativa. II – É incabível ação rescisória por violação a literal disposição de lei (inciso V do art. 485 do CPC) se, para apurar a pretensa violação, for necessário reexaminar matéria probatória debatida nos autos. Eventual injustiça da decisão ou mesmo a má interpretação da prova não dão azo ao manejo da ação rescisória, tampouco serve esta como sucedâneo a recurso não interposto pela parte na forma e no prazo legal. PRELIMINAR REJEITADA. AÇÃO RESCISÓRIA JULGADA IMPROCEDENTE. (Ação Rescisória nº 70025567140, Vigésima Primeira Câmara Cível, Tribunal de Justiça do RS, Relator: Francisco José Moesch, Julgado em 18/11/2009)"

[310] DINAMARCO, Pedro da Silva. *Ação civil pública*. São Paulo: Saraiva, 2001, p. 268.

[311] MANCUSO, Rodolfo de Camargo. *Jurisdição coletiva e coisa julgada*: Teoria geral das ações coletivas. São Paulo: RT, 2007, p. 100.

insuficiência de provas, hipótese em que qualquer legitimado poderá intentar outra ação com idêntico fundamento, valendo-se de nova prova".[312]

Entendimento que foi reproduzido no Projeto de Lei 5.139, em seu artigo 33 – "Se o pedido for julgado improcedente por insuficiência de provas, qualquer legitimado poderá ajuizar outra ação coletiva, com idêntico fundamento, valendo-se de nova prova".

Assim, no caso de insuficiência de provas (*secundum eventum probationis*), a coisa julgada será *secundum eventum litis*,[313] ou seja, ocorrerá ou não conforme o resultado do processo, solução que diverge da estabelecida para as ações individuais, em que há coisa julgada, seja ou não acolhido o pedido (*pro et contra*, CPC, art. 472).

Nos termos do art. 103 do CDC, haverá coisa julgada *erga omnes*, no caso de interesses ou direitos difusos (inciso I), exceto se o pedido for julgado improcedente por insuficiência de provas; haverá coisa julgada *ultra partes*, mas limitadamente ao grupo, categoria ou classe, nos casos de interesses ou direitos coletivos *stricto sensu*, com a mesma ressalva da hipótese de insuficiência de provas.

Em ambos os casos, qualquer legitimado poderá intentar novamente a ação, valendo-se de *nova prova*.

O verbete "nova" vai ao encontro de "coisa surgida recentemente", onde "surgir" significa "tornar-se visível". Assim, poderá ser a prova não utilizada na ação anterior. Pode ser também posterior, como nos casos ambientais, em que a prova do dano (ou da iminência de dano) somente possa ser feita muito após a apreciação da demanda já julgada. A nova prova não exclui por certo a utilização das provas anteriormente apresentadas na demanda julgada. As provas antigas (que na demanda anterior foram insuficientes para formar o julgamento de mérito, e a coisa julgada) se somarão à nova prova para embasar a repropositura da ação. Por fim, essa prova, na repropositura, deverá ser devidamente identificada e destacada como fundamento, sob pena de ensejar falta de interesse processual[314] ou mesmo negativa de apreciação por aplicação do princípio *ne bis in idem*.[315]

---

[312] Redação dada pela Lei nº 9.494, de 10.9.1997.

[313] A sistemática não é recente em nosso ordenamento, pois desde a Lei da Ação Popular, Lei 4.717/65, em seu art. 18, a coisa julgada já se operava *secundum eventum litis*.

[314] GIDI, Antônio. *Coisa julgada e litispendência nas ações coletivas*. São Paulo: Saraiva, 1995, p. 135.

[315] Embora seja possível propor a mesma ação com base em novas provas, se a demonstração de ineditismo e de absoluta pertinência não for feita de forma inequívoca, o Estado pode repelir a reapreciação com base no princípio constitucional implícito do *ne bis in idem*. "A ideia de segurança jurídica, de estabilidade social, não está atrelada apenas à coisa julgada, mas também ao ato jurídico perfeito, donde se extrai que ao ato praticado pelo Estado incide a possibilidade de repelir repetição por meio da aplicação do princípio do *ne bis in idem*, que está intimamente ligado ao princípio (da segurança jurídica, de estabilidade social e todos os demais valores que norteiam o Estado Constitucional de Direito), e não apenas ao instituto constitucionalmente previsto da coisa julgada, tampouco a limitar uma de suas funções.". PORTO, Sérgio Gilberto; MATTE, Mauricio. NE BIS IN IDEM: eficácia negativa da decisão independente de coisa julgada. *Revista Brasileira de Direito Processual – RBDPro*, Belo Horizonte, ano 19, n. 75, p. 169-194, jul./set.2011.

Dispõe o art. 103, § 1°, do CDC, que "os efeitos da coisa julgada previstos nos incisos I e II não prejudicarão interesses e direitos individuais dos integrantes da coletividade, do grupo, categoria ou classe". E o artigo 104 estabelece que os efeitos da coisa julgada *erga omnes* ou *ultra partes* beneficiarão os autores das ações individuais que requererem sua suspensão, no prazo de trinta dias, contados da ciência nos autos do ajuizamento da ação coletiva.

Assim, a coisa julgada de que cuidam o artigo 16 e o art. 13 da Lei 7.347/85, não impede ações de indenização por danos pessoalmente sofridos, propostas individualmente ou na forma prevista no CDC, mas, se procedente o pedido, beneficiará as vítimas e seus sucessores, que poderão proceder à liquidação e à execução, nos termos dos artigos 97 a 99 do mesmo Código.[316]

Ensina Teori Albino Zavascki:

> A natureza da sentença proferida na ação civil pública é mais uma importante diferença a ser anotada em relação ao que ocorre nas ações coletivas para tutela de direitos individuais homogêneos. Nas ações coletivas, conforme se verá, a sentença tem natureza peculiar, já que confere apenas tutela de conteúdo genérico, com juízo limitado ao âmbito da homogeneidade dos direitos objeto da demanda, ficando a cargo de outra sentença a decisão a respeito das situações individuais e heterogêneas, relativas a cada titular lesado. Já em se tratando de ação civil pública, a sentença fará, desde logo, juízo amplo e específico, o mais completo possível, a respeito da controvérsia.[317]

Ao estender os efeitos da coisa julgada aos interessados individualmente, acaba por abarcar a causa de pedir entre os efeitos da coisa julgada, fugindo à sistemática tradicional (na qual somente a parte dispositiva faz coisa julgada), contrariando o que dispõe o art. 469 do CPC.[318] Essa extensão *in utilibus*[319] condiciona-se, porém, a requerimento de suspensão da ação individual.[320] [321]

---

[316] Tais disposições também são aplicáveis às sentenças penais condenatórias (art. 103, § 4°, do CDC).

[317] ZAVASCKI, Teori Albino. *Processo Coletivo: tutela de direitos coletivos e tutela coletiva de direitos*. 3. ed. rev., atual. e ampl. São Paulo: Editora RT, 2007, p. 79.

[318] Entendimento acompanhado por Tesheiner. Cf. TESHEINER, José Maria Rosa. *Direitos difusos e coisa julgada erga omnes*. Disponível em <http://www.processoscoletivos.net/ve_ponto.asp?id=171>. Acesso em: 20 fev. 2011.

[319] O atual Projeto de Código de Processo Civil retorna ao sistema do Código de Processo Civil de 1939, que fazia coisa julgada as premissas necessárias à conclusão (TESHEINER, José Maria; PRATES, Marília Zanella. *Projeto de Código de Processo Civil – Proposta relativa à coisa julgada*. Disponível em <http://www.processoscoletivos.net/ve_ponto.asp?id=359>. Acesso em:15 dez. 2011).

[320] "Uma questão merecedora de atenção é a que diz respeito à situação do autor de demanda individual que não é cientificado da pendência de demanda coletiva, conforme dispõe a norma do art. 104 do Código do Consumidor. Na medida em que não tem oportunidade de requerer a suspensão de sua demanda individual, a questão que deve ser examinada é se o titular da posição jurídica julgada pode pretender executar o julgado coletivo." (GAVIÃO FILHO, Anízio Pires. A coisa julgada no modelo processual coletivo. In: *Revista da AJURIS*. Porto Alegre: AJURIS, n. 110, jun.2008, nota de rodapé n° 28, p. 32).

[321] "A extensão da coisa julgada *erga omnes*, em caso de procedência do pedido, todavia, não beneficiará os autores de ações individuais que, tendo sido intimados da propositura da ação coletiva, não tenham requerido, no prazo legal, a suspensão dos respectivos processos, como dispõe o art. 104 do CDC" (ARAÚJO FILHO, Luiz Paulo da Silva. *Ações coletivas*: a tutela jurisdicional dos direitos individuais homogêneos. Rio de Janeiro: Forense, 2000, p. 176).

Salvo a hipótese de insuficiência de provas, a improcedência do pedido produz coisa julgada, impedindo a renovação da ação, pelo mesmo ou por outro legitimado. Não impede, porém, a propositura de ações individuais (CDC, art. 103, § 3º).

Questão de muito debate doutrinário está relacionada com a confusão feita pelo legislador, na Lei da Ação Civil Pública, ao confundir competência territorial com limites da coisa julgada.

Como visto, o art. 16 da LACP dispõe que: "A sentença civil fará coisa julgada *erga omnes*, nos limites da competência territorial do órgão prolator, exceto se o pedido for julgado improcedente por insuficiência de provas, hipótese em que qualquer legitimado poderá intentar outra ação com idêntico fundamento, valendo-se de nova prova".

Essa redação difere da primitiva e resultou da alteração introduzida pelo art. 2º da Lei 9.494/97.[322]

A redação anterior dispunha que: "A sentença civil fará coisa julgada *erga omnes*, exceto se a ação for julgada improcedente por deficiência de provas, hipótese em que qualquer legitimado poderá intentar outra ação com idêntico fundamento, valendo-se de nova prova".

Conforme Hugo Nigro Mazzilli: "o legislador confundiu, lamentavelmente, *limites da coisa julgada* (a imutabilidade *erga omnes* da sentença – limites subjetivos, das pessoas atingidas pela imutabilidade) com *competência territorial*".[323] [324]

Diz Teresa Arruda Alvim Wambier que a restrição imposta pelo art. 16 é considerada pela doutrina como inconstitucional, já que a jurisdição é una e indivisível, sendo a decisão proferida por qualquer órgão competente do Poder Judiciário, válida e eficaz em todo o território nacional.[325]

Mancuso acompanha essas críticas, afirmando:

Por isso, esses limites subjetivos nada tem a ver com *jurisdição* (que dentre nós é nacional) e menos ainda com a *competência*, que nada mais significa do que a atribuição de grupos de processos a órgãos judiciários diversos, em função de determinados critérios, como pessoa, matéria, domicílio da parte, situação da coisa etc.

---

[322] "Essa alteração não foi originária do Congresso Nacional nem de regular projeto de lei no Poder Executivo. Ao contrário, a norma proveio da conversão em lei da Med. Prov. n. 1.570/97, que alterou um sistema que já vigia desde 1985 (LACP, art. 16) ou ao menos desde 1990 (CDC, art. 103), e, portanto, desatendia claramente o pressuposto constitucional da urgência, em matéria que deveria ser afeta ao processo legislativo ordinário e não à excepcionalidade da medida provisória (CR, art. 62, na sua redação anterior à EC n. 32/01)." (MAZZILLI, Hugo Nigro. *A defesa dos interesses difusos em juízo*: meio ambiente, consumidor, patrimônio cultural, patrimônio público e outros interesses. 15. ed. São Paulo: Saraiva, 2002, p. 420).

[323] Idem, p. 420.

[324] "Distinguem-se os conceitos de eficácia e de coisa julgada. A coisa julgada é meramente a imutabilidade dos efeitos da sentença. O art. 16 da LACP, ao impor limitação territorial à coisa julgada, não alcança os efeitos que propriamente emanam da sentença. Os efeitos da sentença produzem-se 'erga omnes', para além dos limites da competência territorial do órgão julgador". STJ. REsp 399357/SP. DJe 20/04/2009.

[325] WAMBIER, Teresa Arruda Alvim. Litispendência em ações coletivas. In: *Revista AJURIS*, n. 106, jun/2007, p. 297.

No caso das ações coletivas, em sentido largo, a competência (funcional, e, pois absoluta) é do foro do *local do dano* (art. 2º da Lei 7.347/85), ao passo que a projeção eficacial do julgado fica na razão direta do espectro maior ou menor do interesse metaindividual judicializado [...] Logo, salta aos olhos a atecnia da fórmula empregada no art. 16 da Lei 7.347/85 (primeiro por Medida Provisória) ao restringir a eficácia do julgado na ação civil pública aos "limites de competência territorial do órgão prolator", claramente baralhando as noções de competência e jurisdição, com a de limites subjetivos, estes sim, o móvel do citado dispositivo.[326]

Diz-se que, havendo um microssistema e mútuo intercâmbio de aplicação das normas, a alteração foi *inócua*,[327] [328] "uma maneira nefasta de *fragmentar* as ações coletivas difusas e coletivas, cindindo o incindível, na medida em que pouco importa se o objeto difuso ou coletivo é indivisível, porque o legislador disse que só vale a decisão, para fins e formação da coisa julgada, nos limites da competência territorial. É impressionante a teratologia!".[329]

Segundo Mazzilli, como o "sistema do CDC sobre coisa julgada é muito mais completo do que o da LACP, não foi alterado pela Lei 9.494/97, e ainda alcança inteiramente toda e qualquer defesa de interesses difusos, coletivos e individuais homogêneos, passa a reger a coisa julgada em todos os processos coletivos, não só aqueles atinentes à defesa do consumidor, como, de maneira integrada, aqueles atinentes à defesa de quaisquer outros interesses transindividuais".[330]

Diz Nelson Nery Júnior:

Como o objetivo da ação coletiva é justamente o de resolver a lide metaindividual, a eficácia *erga omnes* da coisa julgada é inata e imanente a essa espécie de ação. Logo, se LACP 16 retira a efetividade do direito de ação, limitando os efeitos subjetivos da coisa julgada a território, confundindo competência com limites subjetivos da coisa julgada, é inconstitucional porque subtrai do Poder Judiciário o poder-dever de dar a providência jurisdicional adequada para esse tipo de demanda. O texto da LACP 16 é paradoxal e surrealista: limita os atingidos pela coisa julgada coletiva ao território sobre o qual atua o juiz da causa! Sendo que, como é comezinho no direito processual, qualquer sentença proferida por qualquer juiz em qualquer parte do mundo, pode produzir efeitos em qualquer parte do mundo, desde que observados os requisitos para a homologação de sentença estrangeira. Sentença alemã, dada por juiz com jurisdição e competência restritas à Alemanha, atinge as pessoas cuja relação jurídica foi decidida. Pode produzir efeitos no Brasil, desde que, por exemplo,

---

[326] MANCUSO, Rodolfo de Camargo. *Jurisdição coletiva e coisa julgada*: teoria geral das ações coletivas. 2. ed. São Paulo: RT, 2007, p. 267.

[327] ABELHA, Marcelo. *Ação Civil Pública e Meio Ambiente*. Rio de Janeiro: Forense, 2003, p.126-127.

[328] MAZZILLI, Hugo Nigro. *A defesa dos interesses difusos em juízo*: meio ambiente, consumidor, patrimônio cultural, patrimônio público e outros interesses. 16. ed. São Paulo: Saraiva, 2003, p.459.

[329] ABELHA, Marcelo. *Ação Civil Pública e Meio Ambiente*. Rio de Janeiro: Forense, 2003, p.126-127.

[330] MAZZILLI, Hugo Nigro. *A defesa dos interesses difusos em juízo*: meio ambiente, consumidor, patrimônio cultural, patrimônio público e outros interesses. 16. ed. São Paulo: Saraiva, 2003, p. 459.

as pessoas que devam suportá-la residam aqui: basta que seja homologada[331] pelo Supremo Tribunal Federal.[332]

Observa-se, por fim, a incongruência da limitação territorial da sentença proferida em ação civil pública, uma vez que inexistente essa restrição, sendo a mesma matéria objeto de ação popular.

Na jurisprudência, também se manifesta o entendimento de que "a restrição territorial prevista no art. 16 da Lei da Ação Civil Pública (7.374/85) não opera efeitos no que diz respeito às ações coletivas que visam proteger interesses difusos ou coletivos *stricto sensu*".[333]

Afinal, como bem lembra Renato Rocha Braga, o "intuito do legislador, pode-se presumir, ao definir coisa julgada *erga omnes* é o de beneficiar a todos os lesados".[334]

Tanto é assim que o Projeto de Lei 5.139 prevê, em seu artigo 32, que "A sentença no processo coletivo fará coisa julgada *erga omnes*, independentemente da competência territorial do órgão prolator ou do domicílio dos interessados".

O posicionamento de Elaine H. Macedo é de que os arts.32 e 33 do Projeto, para interesses ou direitos difusos e coletivos *stricto sensu* devem ser conjugados e que é "forçoso concluir que se reedita a orientação de que a sentença de mérito na demanda coletiva se estende a todos indistintamente (*erga omnes*), tenham ou não integrado a relação processual".[335]

4.2. Relações jurídicas relativas a interesses e direitos difusos e coletivos "stricto sensu"

Até então, a doutrina e a jurisprudência, na tentativa de melhor compreender a gama de interesses e direitos que se revelam ou derivam das novas e difusas relações sociais, não se aperceberam de que tais relações jurídicas possuem, por essa especial particularidade, núcleo diverso do que lhes atribuem.

---

[331] Parece que desnecessária é a homologação quando se tratar de efeitos reflexos da sentença. Por exemplo, em tempos de globalização, uma indústria da Alemanha que, em face da decisão que suspenda a produção daquela indústria por problemas ambientais, decisão prolatada pelo juiz com jurisdição e competência restritas à Alemanha, produzirá efeitos reflexos, via de consequência, à empresa brasileira que quase exclusivamente se abastecia dos produtos importados de lá.

[332] NERY JUNIOR, Nelson. Defesa do consumidor de crédito bancário em juízo. *Revista de direito privado*, n. 5, São Paulo, jan.-mar. 2001, p. 222.

[333] STJ. CC 109435/PR. DJe 15/12/2010.

[334] BRAGA, Renato Rocha. *A coisa julgada nas demandas coletivas*. Rio de Janeiro: Lumen Juris, 2000, p. 155.

[335] MACEDO, Elaine Harzheim. *Sentenças coletivas*: coisa julgada e o princípio do *non bis in idem*. In: ASSIS, Araken de; MOLINARO, Carlos Alberto; GOMES JÚNIOR, Luiz Manoel; MILHORANZA, Mariângela Guerreiro (orgs.). *Processo coletivo e outros temas de direito processual*: homenagem aos 50 anos de docência do Professor José Maria Rosa Tesheiner e aos 30 anos de docência do Professor Sérgio Gilberto Porto. Porto Alegre: Livraria do Advogado. 2012, p. 231.

Ao tentar adaptar institutos jurídicos da jurisdição singular, confundindo conceitos ou baralhando-os, distanciaram-se de elementares questões que estão relacionadas, como é possível perceber, com a teoria geral do direito.

Na singular característica de inexistência da pertinência subjetiva do interesse, como visto, deve-se somar o fato de que, em regra, as relações jurídicas que envolvem interesses e direitos difusos e coletivos são de trato continuativo.

A inexistência de pertinência subjetiva do interesse em nada afeta o raciocínio até aqui desenvolvido igualmente. Como foi demonstrado, para a tutela de interesses e direitos difusos e coletivos *stricto sensu* há aplicação de direito objetivo, ou seja, aos fatos naturais (ou relações da vida) que o homem considerou relevantes para o direito (para sua organização social) e determinou que a partir de sua ocorrência e sobre eles incidindo a regra, fossem produzidos efeitos jurídicos. Todo o sistema jurídico é criado e qualificado pelo homem. Pode ele reproduzir, muitas vezes, questões naturais, como o estado de fato ou, diversamente, determinar um estado de fato diferente.

Serve de exemplo, hipotético, que para efetuar o alistamento militar os requisitos são que a pessoa seja do sexo masculino e tenha 18 anos ou mais. A lei indica o estado de fato da pessoa, ser do sexo masculino. Mas a lei pode alterar o estado de fato da pessoa, dizendo que, para todos os fins de direito e, portanto, para alistamento militar, considera-se homem as mulheres maiores de 18 anos. A lei, instrumento de organização social do homem, cria um estado de fato jurídico (artificial). Podem, daí, advir relações jurídicas, pois o sistema assim permite.

Relações jurídicas básicas são aquelas nascidas da incidência da regra jurídica (direito objetivo) sobre os fatos que constituem a relação da vida. Essas relações, embora interessem ao direito, não chegam a criar *deveres, pretensões, obrigações, ações e exceções*, pois dependem da existência de eficácia jurídica. A partir do momento em que temos a eficácia jurídica, temos a relação jurídica eficacial (ou intrajurídica).

Aqui é que o baralhamento da doutrina nem sempre ajuda. Ora, a pessoa não precisa ser sujeito de direito (ou seja, ter direito subjetivo) para não ser morto. O direito objetivo prevê que ninguém deve matar, tanto quanto o direito objetivo prevê que ninguém deve poluir o meio ambiente. Não precisa ser sujeito de direito para que reivindique a qualquer pessoa que não polua o meio ambiente. Aliás, tanto é verdade que há pouco foi dito que à tutela do meio ambiente aproveitam todos (ou não aproveita ninguém).

Assim, a incidência de direito objetivo sobre as relações jurídicas básicas, ao contrário do que poderia ser deduzido, gera a eficácia jurídica necessária a formar as relações jurídicas eficaciais, tornando possível a existência de deveres, pretensões, obrigações, ações e exceções. Tais, aliás, alimentarão as pretensões de tutela judicial em nível de ação civil pública.

Essas relações, dado ao objeto das ações, são claramente identificadas como relações entre pessoas que se projetam ao longo da existência delas (difusos) ou durante um determinado período (coletivos *stricto sensu*). A doutrina costuma afirmar até agora que os interesses difusos são os que ligam as pessoas por circunstâncias fáticas e que os coletivos *stricto sensu* são ligados por uma relação jurídica base.

Mas é possível visualizar em ambos os casos a existência de relação jurídica base, contudo a diferença está na extensão eficacial da regra jurídica, ou seja, dos efeitos que emanam da incidência do direito objetivo sobre os fatos ocorridos, gerando uma gama de eficácias e efeitos, em qualquer dos casos. Se a relação "sobrevém à incidência e dela decorre, é no campo da eficácia; então o direito trata-a como criação sua, admitindo alterações que não seriam possíveis no mundo dos fatos".[336]

O ser humano está constantemente, natural e juridicamente, se relacionando com o meio ambiente. Essa relação, difusa (de *n* para *n*), não há como negar, prolonga-se durante toda a sua existência. Deixa sua marca na história, interage no presente e projeta efeitos para o futuro. Tão evidente quanto o meio ambiente são as relações jurídicas trabalhistas, em que os efeitos jurídicos da relação do trabalho iniciam projetando efeitos em um determinado conjunto de sujeitos e se prolongam no tempo para determinados sujeitos (primitivos ou novos), podendo terminar seus efeitos em sujeitos diferentes dos vestibulares, daqueles de quando a relação nasceu. Não há como negar que ao longo do tempo, tanto em uma situação, quanto em outra, o ser humano operará fatos que surtirão efeitos nessas relações que, como visto, são de trato continuativo (relações continuativas).

Há de ser reconhecida a natureza difusionista dessas relações jurídicas dentro de um contexto organizacional jurídico, de que o homem criou o direito para determinar estabilidade em suas relações da vida. Quando a regra jurídica incide sobre os fatos (qualificando-os como jurídicos, juridicizando-os e, por fim, assinalando-os), revela que a regra (direito objetivo) é destinada a regular as relações inter-humanas, ligando-as. A regra jurídica dirige-se, então, às pessoas, judicializando as relações para que não seja em vão seu propósito. Portanto, o direito de personalidade de A, por exemplo, é tanto direito perante B quanto perante todos os demais membros da sociedade; todos que devem atender a que A é pessoa. A regra jurídica tem eficácia contra todos.[337] Aliás, a regra jurídica não se dirige a uma multiplicidade de sujeitos de direitos, mas se destina a regular uma multiplicidade de pessoas, indeterminadas. A regra jurídica é geral; *erga omnes*.

---

[336] MIRANDA, Pontes de. *Tratado de Direito Privado*. T. 1, São Paulo: Bookseller, 1999, p. 169-170.
[337] Idem, p. 181-182.

O interesse ou direito de um meio ambiente sadio é de A para todos e de todos para A. Igualmente, o interesse ou direito de A em uma relação jurídica de trabalho é contra todos, e os direitos de todos são contra A. Interesses e direitos, dado a sua peculiar natureza, de se projetarem no tempo, quer em relação ao tempo da relação fática (ou jurídica inter-humana/básica/eficacial, por incidência do direito objetivo; *v.g.*, não poluir o meio ambiente) – difusos – quer em face da relação jurídica laboral – coletivos *stricto sensu* (determinada categoria de trabalhadores tem interesse a um meio ambiente sadio – de *n* para *n* ou direito a recebimento de um equipamento de proteção individual – de *n* para *1* ou *1* para *n*), são multigeradores de efeitos, pois irradiam muitos direitos, deveres, pretensões, obrigações, ações e exceções.

4.3. A possibilidade de revisão da sentença proferida em ação civil pública

A importância da proposta apresentada é visível. As ações civis públicas possuem papel fundamental no atual sistema de tutelas, e as decisões proferidas podem afetar toda a coletividade.

Se a decisão é justa, nada há de errado. Casos há, contudo, em que a decisão pode não trazer a justiça desejada, tampouco atender aos próprios efeitos determinados pelo ordenamento. A decisão que recebe o selo da indiscutibilidade e imutabilidade da coisa julgada, nesses casos, terá uma nocividade muito grande. Tome-se, por exemplo, a produção de um produto que em seu estado de fato natural é poluente. Uma decisão com base em cognição exauriente, que declare sua não nocividade, abarcada pela coisa julgada é, sem dúvida, um problema para o meio ambiente de forma indefinida no tempo. É possível afirmar que a sentença na jurisdição singular possui uma eficácia direta, mais razão há para afirmar em relação às proferidas em demanda coletiva, cujos efeitos diretos da sentença obrigatoriamente devem atingir a todos.

Nem sempre é fácil determinar se uma relação é continuativa, para admitir revisão da sentença por alteração do estado de fato ou de direito. Como visto, a relação jurídica deve atender a requisitos desde suas premissas. Os elementos fáticos devem ser continuativos, aqueles fatos que o direito atribui efeitos enquanto perdurarem as circunstâncias de fato que o constituem. A formação da relação jurídica a ser estabelecida, portanto, com base nesses fatos, é de trato continuado.

A revisão, como já discorrido, não desconstitui a sentença revisada, que se mantém íntegra, apenas alterando os seus efeitos a partir de certa data para os casos analisados e legalmente previstos (relações continuativas).

Segue-se, daí, que é desconstitutiva da coisa julgada a sentença declaratória de sinal contrário. Assim, a sentença declaratória da paternidade é desconstituída (e não revisada) pela sentença posterior que negue a paternidade, ainda que do fato declarado (a concepção) decorra um estado de fato (o estado de filho).

Pelo contrário, não ofende a coisa julgada a sentença que desconstitui, a partir de certa data, relação jurídica constituída por sentença anterior. A hipótese, aí, é de revisão da sentença.

Sentenças que autorizam a prática de determinada atividade[338] são constitutivas e, portanto, podem ser revisadas, ocorrendo alteração do estado de fato ou de direito.

Resta o exame das demais sentenças: a condenatória, que propicia execução por sub-rogação; a executiva, que permite execução no mesmo processo (ou que, conforme alguns autores, se destina à reposição de bem no patrimônio do autor) e a mandamental, que determina ao réu que faça ou deixe de fazer alguma coisa.

Supõe-se, em todos esses casos, um ato, positivo ou negativo, a ser praticado ou sofrido pelo réu.

Tratando-se de um ato único, não há dúvida que ofende a coisa julgada a sentença de sinal contrário, como amplamente demonstrado neste trabalho, porque, sem contradição, não pode o ato ser devido e não devido; permitido e proibido.

Já uma série de atos pode ser interrompida, sem prejuízo dos atos já praticados. O caso aqui é de relação jurídica sucessiva; mas também poderia, para aplicação da hipótese construída, ser permanente, ou seja, qualquer das hipóteses continuativas de relações jurídicas; portanto, por exclusão, as que não sejam instantâneas.

Chegamos então ao cerne do problema: em que casos uma sentença posterior pode determinar a cessação da série de atos, sem ofensa ao julgado que os determinou ou que os autorizou?

Uma sentença pode conceder ao autor um bem da vida consistente em um número certo de prestações, caso em que, sem dúvida, viola a coisa julgada a sentença posterior que reduza ou majore o seu número, contudo, não necessariamente o seu valor, face à incidência da cláusula *rebus sic stantibus,* que poderá servir de pano de fundo para futura e eventual revisão decorrente da imprevisível alteração da situação fática.

À mesma conclusão se chega para o caso de sentença concessiva de bem da vida consistente em um numero indeterminado de prestações, fixando um termo certo ou incerto ("até dezembro de 2020"; "enquanto viver").

---

[338] Distingue-se, aqui, *atividade*, assim considerada um conjunto de atos, de *ato*, uma das partes do conjunto; aquilo que se fez.

Resta, então, como passível de revisão a sentença que, expressa ou implicitamente, supõe a continuidade da situação de fato em que se baseou, trazendo implícita a cláusula *rebus sic stantibus*. O caso mais conhecido é o da sentença proferida em ação de alimentos.

Mas para fugir desse modelo tão discutido pela doutrina, suponha-se sentença que julgue improcedente ação civil pública com pedido de proibição de produção de um produto alegadamente nocivo, com fundamento em laudos periciais negatórios de sua nocividade. Firma-se, posteriormente, na comunidade científica, a tese da nocividade do produto.

A hipótese seria de uma sentença autorizativa, admitindo, em tese, sua revisão. Pergunta-se, porém: poderia ser considerada como alteração do estado de fato o novo conhecimento adquirido sobre os efeitos do produto?

Observe-se, em primeiro lugar, que a negação, pela sentença, da nocividade do produto não constitui declaração que transite em julgado, por se tratar de afirmação de fato (CPC, art. 469, II).

O que transitou em julgado foi o bem da vida concedido ao réu, qual seja, a autorização para continuar a produzir o bem.

Parece certo, em segundo lugar, que prova nova ou documento novo pode eventualmente constituir causa de ação rescisória, isto é, de ação para desconstituir a coisa julgada, mas não constitui alteração do estado de fato (o produto agora considerado nocivo já o era ao tempo da sentença).

Mas impõe-se, aqui, uma sutileza: embora baseada em provas, uma nova verdade científica constitui, sim, um novo estado de fato.

Por isso mesmo o Projeto de Lei 5.139, que se propunha a regular a ação civil pública, estabelecia:

> Art. 38. Na hipótese de sentença de improcedência, havendo suficiência de provas produzidas, qualquer legitimado poderá intentar ação revisional, com idêntico fundamento, no prazo de um ano contado do conhecimento geral da descoberta de prova técnica nova, superveniente, que não poderia ser produzida no processo, desde que idônea para mudar seu resultado.
> § 1º A faculdade prevista no *caput*, nas mesmas condições, fica assegurada ao demandado da ação coletiva com pedido julgado procedente, caso em que a decisão terá efeitos *ex nunc*.
> § 2º Para a admissibilidade da ação prevista no § 1º, deverá o autor depositar valor a ser arbitrado pelo juiz, que não será inferir a dez por cento do conteúdo econômico da demanda.

O erro do Projeto não estava no admitir a revisão, mas no estabelecimento do prazo decadencial de um ano. Em casos tais, a revisão deve ser admitida em qualquer tempo.

Não é apenas afirmação dogmática que se faz, o desenvolvimento lógico de que é possível a revisão das sentenças de ações civis públicas que tenham por objeto interesses e direitos difusos, ocorrendo alteração do estado de fato, por se tratar de relações continuativas (art. 471, I, do CPC), se impõe. É preciso, pois, fundamentá-la! Para que isso seja possível, há que se retomar as lições anteriormente colocadas.

O sistema jurídico é criação humana. Tudo o que é jurídico decorre da mente do homem.

Nosso mundo é dividido em mundo fático e mundo jurídico. O primeiro é onde ocorrem os fatos, acontecimentos naturais do mundo físico que não interessam ao jurista. Assim, a nuvem que está passando, a estrela cadente, o eclipse do Sol ou da Lua, o nascimento, a morte, a ofensa, dentre outros são acontecimentos; fatos. De regra, os fatos somente passam a interessar ao jurista quando sobre eles, por meio da técnica que é o direito, mero processo social de adaptação e organização por meio de regras jurídicas, passa a incidir[339] uma dessas proposições de organização (regra), escrita ou não, colorindo-os. A partir desse momento, os fatos, que são coloridos pela regra jurídica, criam o mundo jurídico, que está contido no mundo dos fatos. O Mundo jurídico está todo no pensamento do jurista e do povo, sendo formado pela soma dos fatos jurídicos. O mundo dos fatos é formado por todos os fatos e contém, além de fatos que são meros acontecimentos, os que são acontecimentos que interessam ao direito.[340]

O estado de fato é elemento que se caracteriza pela situação fática da coisa ou de alguém. Assim, o estado de fato de alguém que nasce é estar vivo; o de quem morre é estar morto. O estado de fato de quem está vivo pode ser alterado pela morte, fato natural. A morte produz alteração no estado de fato natural e no estado de fato jurídico. Para quem é pai e vivo, o estado de fato natural estar vivo faz com que se criem obrigações decorrentes da incidência de norma, criando a alguém, filho, direito subjetivo[341] de receber alimentos. A morte do pai produz alteração do estado de fato natural (existência do pai) e do estado de fato jurídico (relação de pátrio poder, dever de pagar pensão ao filho). De regra, a alteração do estado de fato natural produz alteração no es-

---

[339] "Não é a lei que 'ordena' incidirem as suas regras; as regras jurídicas incidem, a lei incide, porque a lei e as demais regras jurídicas foram concebidas para esse processo de adaptação social. A incidência é, pois, o conceito típico: ela fica entre a lei como elaboração jurislativa e a eficácia que resulta do fato jurídico (= fato + incidência). Na feitura da regra jurídica, levam-se em conta os fatos; após a incidência da regra jurídica, dá-se a eles, juridicizados, irradiação de eficácia: tais efeitos são criações de espírito, de que podem provir efeitos do mundo físico; e.g., o produto do bem a, pertencente a A e a B, é comum (efeito jurídico) e isso permite (ou não permite) a divisão (fato físico). A causação, que o mundo jurídico prevê, é infalível, enquanto a regra jurídica existe: não é possível obstar-se à realização das suas consequências, e a aplicação injusta da regra jurídica, ou porque se não haja aplicado a regra jurídica, com a interpretação que se esperava, ou porque não se tenha bem classificado o suporte fático, não desfaz aquele determinismo: é o resultado da necessidade prática de se resolverem os litígios, ou as dúvidas, ainda que falivelmente; isto é, da necessidade de se julgarem os desatendimentos à incidência." (MIRANDA, Pontes de. *Tratado de Direito Privado*. T. 1, São Paulo: Bookseller, 1999, p. 64-65).

[340] MIRANDA, Pontes de. *Tratado das ações*. § 1, T. 1, São Paulo: Bookseller, 1998, p. 21.

[341] Na aplicação do direito objetivo, como visto, a eficácia da relação jurídica base gera as mesmas possibilidades para o nascimento de uma relação jurídica eficacial.

tado de fato jurídico; decorrência natural, já que o fato jurídico é fato natural adjetivado pelo ordenamento jurídico.

Mas a recíproca não é verdadeira: o estado de fato havido como tal no mundo jurídico não altera o estado de fato natural, verdadeiro.

A alteração do estado de fato pode ocorrer em dois planos, a saber: no plano fático natural e no plano fático jurídico.

O estado de fato jurídico deve, em princípio, corresponder ao estado de fato natural. O céu é azul. Por isso, o estado de fato jurídico do céu, se fosse possível ou interessasse ao homem como fato jurídico, deveria acompanhar o seu estado de fato natural, que é ser azul. Se uma alteração natural fizesse com que o céu ficasse vermelho, seu estado de fato natural seria vermelho, devendo o Direito acompanhar essa mutação.

Voltemos à hipótese da empresa fabricante de um produto cuja nocividade só vem a ser conhecida após o trânsito em julgado de sentença que, negando-a, permitiu sua fabricação.

Entendeu o juiz que o produto não era poluente, embora o fosse, em seu estado de fato natural. A decisão que viesse a alterar o estado de fato jurídico, afirmando-o poluente, viria simplesmente a ajustar-se ao estado de fato natural do produto.

Repare-se que o próprio conceito de "estado de fato" é jurídico, produto da mente humana. Por isso, é necessário visualizar-se o estado de fato em dois planos: o natural e o jurídico. Não se pode confundir alteração de estado de fato natural com alteração de estado de fato jurídico. O estado de fato natural somente pode ser alterado por forças naturais. Tudo o que homem afirma como estado de fato jurídico é obra no nível da consciência do homem.

O estado de fato jurídico é criado pelo Direito, pelo homem, sem força para alterar o estado de fato natural. A má interpretação e, por decorrência, a má aplicação ou falta de aplicação da regra, por não observância do estado de fato natural, verdadeiro, cria um estado de fato jurídico "artificial", que não altera o estado de fato natural. Todavia, equivocado ou não, o estado de fato jurídico pode tornar-se indiscutível no mundo jurídico por força da coisa julgada.

Em assim fazendo, o juiz cria um estado de fato jurídico (pois não altera a essência do fato natural de o produto ser poluente) que poderá se perpetuar no tempo, pela atual sistemática da coisa julgada em ações civis públicas, em detrimento das atuais e futuras gerações, donde a necessidade de se admitir a revisão da sentença, para que haja a necessária correspondência entre o mundo do direito e o dos fatos.

O erro da sentença, ao afirmar um estado de fato contrário à realidade, não tem maiores consequências nas relações individuais, porque individuais e porque de curta duração (acontecimentos são atômicos e as sentenças regulam situações, em regra, do passado).

Ocorre o contrário nos processos coletivos relativos a direitos difusos e coletivos *stricto sensu*, quando a sentença contém prescrições que, em princípio, vigerão por tempo indefinido. Daí a necessidade de que, para os efeitos dessas ações, admita-se como alteração do estado de fato a própria mudança pela publicidade trazida por intermédio do conhecimento científico.

Não se trata, aí, simplesmente de prova nova, mas de um conhecimento científico novo, fundado em múltiplas provas.

Na ação de revisão, não haverá como se sustentar o estado de fato jurídico criado pela sentença, frente ao conhecimento da comunidade científica de que o estado de fato natural é diverso.

A revisão da sentença restabelecerá a necessária correspondência entre o estado de fato natural e o jurídico, sem violação da coisa julgada (art. 471, I, do CPC), porque houve alteração no estado de fato, como tal havida a mudança operada nas concepções científicas.

5. Conclusão

É possível perceber que a tutela de direitos coletivos possui particularidades em relação à sistemática empregada na jurisdição singular. As dificuldades em adaptar ou compreender institutos do direito coletivo quando se busca aplicar, sem a necessária reflexão ou adaptação, do sistema singular, é evidente. A tentativa de criar um sistema processual coletivo próprio, como o Projeto de Lei 5.139, também padece na burocracia do Poder Legislativo.

Não obstante as diferenças, nem sempre há necessidade de se buscar novos princípios ou novos institutos para viabilizar adequada solução. O Direito é um sistema. Por isso, desde sua criação, por ser produto do homem, deve contar com um desenvolvimento lógico, aliás, característica humana que nada mais evidencia do que ser o Direito um produto exclusivamente advindo da mente do homem. Mesmo dentro dessa diversidade, não há como se negar, face à própria evolução da sociedade e do sistema jurídico, que a tutela coletiva se alimenta do arcabouço da tutela individual, donde se verificam pontos de contato.

Diante disso, foi possível perceber que a análise das relações jurídicas relativas a interesses e direitos difusos e coletivos *stricto sensu* deve ser compreendida a partir de suas premissas, por suas particularidades fáticas e pelas eficácias e efeitos produzidos em sua dimensão difusionista; questão que remonta à Teoria Geral do Direito e que reflete na esfera processual.

Essas relações derivadas de desdobramentos fáticos que envolvem interesses e direitos difusos e coletivos *stricto sensu* se prolongam no tempo, produzem efeitos complexos, que atingem indistintamente, por sua particular natureza, a todos. Idêntico deve ser o resultado da extensão eficacial da sentença em ação civil pública, pois, como visto, ela é produto da análise das questões fáticas e de direitos submetidos à apreciação, considerada em face ao momento e em relação à natureza de tais relações.

A proposta de revisão da sentença em ação civil pública, cujo objeto compreende os interesses e direitos difusos e coletivos *stricto sensu*, portanto, relações jurídicas continuativas, se apresentam como forma de estabilidade social, já que permite, dentro da mesma ideia sistêmica, ou seja, em respeito a todo o arcabouço existente e das garantias constitucionais e infraconstitucionais previstas no ordenamento jurídico, realizar, por meio de expressa autorização legal, a revisão dos efeitos determinados pela sentença que, de outra forma, se acobertados pela coisa julgada, somente ampliariam (face à natureza dos interesses e direitos postos em causa), indistintamente, eventuais efeitos nocivos da decisão, se equivocada.

Referências

ABELHA, Marcelo. *Ação Civil Pública e Meio Ambiente*. Rio de Janeiro: Forense, 2003.
ARAGÃO, Egas Dirceu Moniz. Conexão e "tríplice identidade". *Revista da Ajuris*, Porto Alegre, v.10, n.28.
ARAÚJO FILHO, Luiz Paulo da Silva. *Ações coletivas*: a tutela jurisdicional dos direitos individuais homogêneos. Rio de janeiro: Forense, 2000.
ASSIS, Araken de. *Cumulação de ações*. 4. ed. São Paulo: Revista dos Tribunais, 2002.
———. *Manual da execução*. 10. ed. São Paulo: Revista dos Tribunais, 2006.
———. Breve contribuição ao estudo da coisa julgada nas ações de alimentos. *Revista da Ajuris*, v. 46, 1989.
———; MOLINARO, Carlos Alberto; GOMES JÚNIOR, Luiz Manoel; MILHORANZA, Mariângela Guerreiro (Org.). Processo coletivo e outros temas de direito processual. Homenagem aos 50 anos de docência do Professor José Maria Rosa Tesheiner e aos 30 anos de docência do Professor Sérgio Gilberto Porto. Porto Alegre: Livraria do Advogado. 2012.
BERTOLDI, Thiago Moraes. *Objeto das ações coletivas: causa de pedir, pedido e interesse de agir*. Disponível em <http://www.processoscoletivos.net/ve_artigo.asp?id=56>. Acesso em 31 jan. 2011.
BISCAIA, Antônio Carlos [relator]. Proposição da Comissão de Constituição e Justiça e de Cidadania ao Projeto de Lei n. 5.139 de 2009.
BRAGA, Renato Rocha. *A coisa julgada nas demandas coletivas*. Rio de Janeiro: Lumen Juris, 2000.
Brasil. Projeto de Lei 5.139. Disponível em <http://www.camara.gov.br/proposicoesWeb/fichadetramitacao?idProposicao=432485>. Acesso em: 13 dez. 2011.
CAHALI, Yussef Said. *Dos alimentos*. 4. ed. São Paulo: RT, 2002.
CAMPOS, Antônio Macedo de. *Ação rescisória de sentença*. São Paulo: Sugestões literárias, 1976.
CARNAZ, Daniele Regina Marchi; FERREIRA, Jussara Suzi Assis Borges Nasser; GOMES JÚNIOR, Luiz Manoel. *As ações civis públicas e a legitimidade da defensoria pública – análise de caso*. Disponível em <http://www.processoscoletivos.net/ve_artigo.asp?id=30>. Acesso em: 19 fev. 2011.
CHAMOUN, Ebert. *Instituições de direito romano*. 2. ed. Rio de Janeiro: Forense, 1954.
CHIOVENDA, Giuseppe. *Instituições de Direito Processual Civil*. 3. ed. São Paulo: Bookseller, 2002.
CORREA, Orlando de Assis. *Sentença cível*: elaboração-nulidades. 3. ed. Rio de Janeiro: Aide, 1985.
DICTIONARY OF LAW. 3th ed. London: Peter Collin Publishing, 2000.
DINAMARCO, Cândido Rangel. *Capítulos de sentença*. 2. ed. São Paulo: Malheiros, 2006.
DINAMARCO, Pedro da Silva. *Ação civil pública*. São Paulo: Saraiva, 2001.
DINIZ, Maria Helena. *Dicionário jurídico*. São Paulo: Saraiva, v.3, 1998.
DOUBLE jeopardy law ushered out. Disponível em <http://news.bbc.co.uk/2/hi/uk_news/4406129.stm>. Acesso em: 25 set. 2010.

ESTADOS UNIDOS DA AMÉRICA *(apelante)* x Ronald S. JENKINS *(apelado)*. The Federal Reporter, Vol.490, 2ªed., December 1973 – January 1974. Disponível em <http://ftp.resource.org/courts.gov/c/F2/490/>. (caso 490F.2d.868 ou link direto: <http://ftp.resource.org/courts.gov/c/F2/490/490.F2d.868.73-1572.79.html>). Acesso em: 09 out. 2010.

FABRÍCIO, Adroaldo Furtado. A coisa julgada nas ações de alimentos. *Revista da Ajuris*. Porto Alegre, n. 52, jul. 1991.

FREER, Richard D. *Civil procedure*. 2nd. ed. New York: Aspen Publishers.

FERRAZ, Antônio Augusto Mello de Camargo; MILARÉ, Édis; NERY JÚNIOR, Nelson. *A ação civil pública e a tutela jurisdicional dos interesses difusos*. São Paulo: Saraiva, 1984.

FRIEDMAN, Thomas L. *O mundo é plano*: uma breve história do século XXI. Rio de Janeiro: Objetiva, 2005.

OLIVEIRA, Carlos Alberto Alvaro de (org.). *Eficácia e coisa julgada*. Rio de Janeiro: Forense, 2006.

GAVIÃO FILHO, Anízio Pires. A coisa julgada no modelo processual coletivo. *Revista da Ajuris*. Porto Alegre, n. 110, jun.2008, nota de rodapé nº 28.

GIDI, Antônio. *Coisa julgada e litispendência em ações coletivas*. São Paulo: Saraiva, 1995.

GOLDSCHMIDT, James. *Derecho procesal civil*. Espanha, Madrid: Editorial Labor, 1936, § 25ª.

GRANTHAM, Silvia Resmini. Os limites subjetivos da coisa julgada nas demandas coletivas. In: *Revista da Ajuris*, n. 91, set. 2003.

GRINOVER, Ada Pellegrini. *Ações coletivas Ibero-Americanas*: novas questões sobre legitimação e a coisa julgada. Revista Forense, v. 361, 2002.

——. *Os processos coletivos nos países de civil law e common law*: uma análise de direito comparado. São Paulo: Revista dos Tribunais, 2008.

——; WATANABE, Kazuo; MULLENIX, Linda. *Os processos coletivos nos países de civil law e common law*: uma análise de direito comparado (XIII Congresso Mundial de Direito Processual Salvador-Bahia, 16 a 22 de setembro de 2007, Tema 5, Novas tendências em matéria de legitimação e coisa julgada nas ações coletivas). São Paulo: RT, 2008.

——; MENDES, Aluisio Gonçalves de Castro; WATANABE. Kazuo. *Direito processual coletivo e o anteprojeto de Código Brasileiro de Processos Coletivos*. São Paulo: RT, 2007.

GUSMÃO, Manoel Aureliano de. *Coisa julgada no cível, no crime e no direito internacional*. 2. ed. São Paulo: Saraiva. 1922.

JAMES JR., Fleming; HAZARD JR., Geoffrey; LEUBSDORF, John. *Civil Procedure*. 5th Edition, New York: Foundation Press, 2001.

JOBIM, Marco Félix. *Direito à duração razoável do processo*: responsabilidade civil do Estado em decorrência da intempestividade processual. São Paulo: Conceito, 2011.

LACERDA, Galeno. *Teoria geral do processo*. Rio de Janeiro: Forense, 2006.

LAZARI, Rafael José Nadim de; AMARO DE SOUZA, Gelson. Exegese sobre a "relativização" da coisa julgada: o que há por trás desta tendência? *Revista Jurídica*, n.386/35.

LIEBMAN, Enrico Tullio. *Eficácia e autoridade da sentença*. Rio de Janeiro: 1945.

——. *Eficácia e autoridade da sentença e outros escritos sobre a coisa julgada*. 3. ed. Rio de Janeiro: Forense, 1984.

MACEDO, Elaine Harzheim. *Jurisdição e processo*: crítica histórica e perspectivas para o terceiro milênio. Porto Alegre: Livraria do Advogado, 2005.

MANCUSO, Rodolfo de Camargo. *Ação civil pública em defesa do meio ambiente, do patrimônio cultural e dos consumidores*. 9. ed. São Paulo: RT, 2004.

——. *Jurisdição coletiva e coisa julgada*: teoria geral das ações coletivas. 2. ed. São Paulo: RT, 2007.

MARINONI, Luiz Guilherme. *Coisa Julgada inconstitucional*. 2. ed. São Paulo: RT, 2010.

——. *Manual do processo de conhecimento*. 5. ed. São Paulo: RT, 2006.

———; ARENHART, Sérgio Cruz. *Curso de processo civil. Processo de conhecimento.* 6. ed. São Paulo: RT, v.2, 2007.

MARINS, James. *Ações coletivas em matéria tributária.* Revista de Processo, v. 76, 1994.

MARMITT, Arnaldo. *Pensão alimentícia.* Rio de Janeiro: Aide, 1993.

MATTE, Mauricio. *Comentários aos artigos 7º a 13 do Código de Processo Civil: Das partes e dos procuradores.* Disponível em <http://www.tex.pro.br/tex/listagem-de-artigos/200-artigos-nov-2007/5517-comentarios-aos-artigos-7o-a-13-do-codigo-de-processo-civil-das-partes-e-dos-procuradores>. Consultado em 28-05-2011.

MAZZILLI, Hugo Nigro. A defesa dos interesses difusos em juízo: meio ambiente, consumidor, patrimônio cultural, patrimônio público e outros interesses. 16ª ed. São Paulo: Saraiva, 2003.

MENDES, Aluisio Gonçalves de Castro. Ações coletivas no direito comparado e nacional (Coleção Temas Atuais de Direito Processual Civil). São Paulo: RT, v.4, 2010.

MENDES, Gilmar Ferreira; BRANCO, Paulo Gustavo Gonet. *Curso de Direito Constitucional.* 6 ed. São Paulo: Saraiva, 2011, p.438-439.

MELLO, Maria Chaves de. *Dicionário jurídico.* 8. ed. São Paulo: Método, 2006.

MILARÉ, Édis (Coord.). A ação civil pública após 20 anos: efetividade e desafios. São Paulo: RT, 2005.

———. A ação civil pública após 25 anos. São Paulo: RT, 2010.

MIRANDA, Pontes de. *Comentário ao Código de Processo Civil.* 3. ed. Rio de Janeiro: Forense, T.I, 1997.

———. *Comentários ao Código de Processo Civil.* arts. 444 a 475. Rio de Janeiro: Forense, T.V, 1997.

———. *Tratado das ações.* T. 1, São Paulo: Bookseller, 1998.

———. *Tratado de Direito Privado.* T. 1, São Paulo: Bookseller, 1999.

———. *Tratado da ação rescisória.* São Paulo: Booseller, 1998.

MITIDIERO, Daniel. *Colaboração no processo civil:* pressupostos sociais, lógicos e éticos. São Paulo: Revista dos Tribunais, 2009.

MORAES, Paulo Valério Dal Pai. *Conteúdo interno da sentença. Eficácia e coisa julgada.* Porto Alegre: Livraria do Advogado, 1997.

MORAES, Voltaire de Lima. *Ação civil pública: alcance e limites da atividade jurisdicional.* Porto Alegre: Livraria do Advogado Editora, 2007.

NASCIMENTO, Carlos Valder do (coord.). *Coisa julgada inconstitucional.* 4. ed. Rio de Janeiro: América Jurídica. 2003.

NERY JÚNIOR, Nelson. *Princípios fundamentais:* teoria geral dos recursos. 2. ed. São Paulo: RT, 1993.

———. Defesa do consumidor de crédito bancário em juízo. *Revista de Direito Privado.* São Paulo, n. 5, jan.-mar. 2001.

———; NERY, Rosa Maria de Andrade. *Código de Processo Civil comentado e legislação processual civil extravagante em vigor.* 6. ed. São Paulo: RT, 2002.

NEVES, Celso. *Coisa julgada civil.* São Paulo: RT, 1971.

NON BIS IN IDEM. Disponível em <http://pt.wikilingue.com/es/Non_bis_in_idem>. Acesso em: 25 set. 2010.

OLIVEIRA, Carlos Alberto Álvaro de (org.). *Eficácia e coisa julgada.* Rio de Janeiro: Forense, 2006.

PORTO, Sérgio Gilberto. *Coisa julgada civil.* 3. ed. São Paulo: RT, 2006.

———. *Coisa julgada civil:* análise, crítica e atualização. Rio de Janeiro: Aide, 2. ed. 1998.

———. *Comentários ao Código de Processo Civil.* São Paulo: RT, 2000, v.6.

———. *Doutrina e prática dos alimentos.* 3. ed. São Paulo: Revista dos Tribunais, 2003.

_____. Cidadania Processual e Relativização da Coisa Julgada. *Revista Síntese de Direito Civil e Processual Civil*. São Paulo, v. 4, 2003.

_____; MATTE, Mauricio. NE BIS IN IDEM: eficácia negativa da decisão independente de coisa julgada. *Revista Brasileira de Direito Processual – RBDPro*, Belo Horizonte, ano 19, n. 75, jul./set.2011.

_____; USTÁRROZ, Daniel. *Lições de direito fundamentais no processo civil*: o conteúdo processual da Constituição Federal. Porto Alegre: Livraria do Advogado, 2009.

PRATES, Marília Zanella. *A coisa julgada no direito comparado*: Brasil e Estados Unidos. Salvador: Editor Jus Podivm. 2001 (no prelo).

PONTIFÍCIA Universidade Católica do Rio Grande do Sul – Biblioteca Central Irmão José Otão. *Modelo para apresentação de trabalhos acadêmicos, teses e dissertações*. Disponível em <http://webapp.pucrs.br/bcmodelos/LoginControl>. Acesso em: 10 jun. 2011.

REIS, Maurício Martins. *A interpretação conforme à Constituição como garantia inerente ao princípio da inafastabilidade jurisdicional*. Jus Navigandi, Teresina, ano 8, n. 160, 13 dez. 2003. Disponível em <http://jus.com.br/revista/texto/4533>. Acesso em: 15 dez. 2011.

RODRIGUES JÚNIOR. Otavio Luiz. *Revisão judicial dos contratos*: autonomia da vontade e teoria da imprevisão. São Paulo: Atlas S/A, 2002.

SARLET, Ingo Wolfgang. *A eficácia dos direitos fundamentais*: uma teoria geral dos direitos fundamentais na perspectiva constitucional. Porto Alegre: Livraria do Advogado, 2009.

SIDOU, J.M. Othon. *A cláusula "rebus sic stantibus" no direito brasileiro*. Rio de Janeiro: Freitas Bastos, 1962.

SILVA, Bruno Freire e. *Ação rescisória*: possibilidade e forma de suspensão da execução da decisão rescindenda. 2. ed. Curitiba: Juruá, 2008.

SILVA, Ovídio A. Baptista da. *Curso de processo civil*. Porto Alegre: Fabris, V.1., 1987.

_____. *Sentença e coisa julgada* (ensaios e pareceres). 4. ed. Rio de Janeiro: Forense, 2003.

_____; GOMES, Fábio Luiz. *Teoria geral do processo civil*. 4. ed. São Paulo: RT, 2006.

SOTO, Érica Antônia Bianco de. *Sentença civil*: perspectiva pragmática. Campo Grande: UCDB, 2001.

SPENGLER, Fabiana Marion. SPENGLER NETO, Theobaldo. *Inovações em direito e processo de família*. Porto Alegre: Livraria do Advogado, 2004.

TALAMINI, Eduardo. *Coisa Julgada e sua Revisão*. São Paulo: RT, 2005.

TELLINI, Denise Estrella; JOBIM, Geral Cordeiro; JOBIM, Marco Félix (Coord.). *Tempestividade e efetividade processual*: novos rumos do processo civil brasileiro. Caxias do Sul: Plenum, 2010.

TESHEINER, José Maria Rosa. *Eficácia da sentença e coisa julgada no processo civil*. São Paulo: RT, 2001.

_____. *Elementos para uma teoria geral do processo*. São Paulo: Saraiva, 1993.

_____; MILHORANZA, Mariângela Guerreiro. *Temas de direito e processos coletivos*. Porto Alegre: HS Editora, 2010.

_____; PRATES, Marília Zanella. Projeto de Código de Processo Civil – Proposta relativa à coisa julgada. Disponível em http://www.processoscoletivos.net/ve_ponto.asp?id=359. Consultado em 15-12-2011.

_____ (org.). *Processos Coletivos*. Porto Alegre: HS Editora, 2012.

_____. *Direitos difusos e coisa julgada erga omnes*. Disponível em <http://www.processoscoletivos.net/ve_ponto.asp?id=171>. Acesso em: 20 fev. 2011.

_____. *Sobre os chamados "direitos difusos"*. Disponível em <http://www.processoscoletivos.net/ve_ponto.asp?id=164>. Acesso em: 28 jan. 2011.

THE FREE DICTIONARY. (legal). *Day in court*. Disponível em <http://legal-dictionary.thefreedictionary.com/day+in+court>. Acesso em: 15 dez. 2011.

THEODORO JÚNIOR, Humberto. *Processo de execução e cumprimento da sentença*. 25. ed. São Paulo: LEUD, 2008.

——. *Processo de execução*. 21. ed. São Paulo: Universitária de Direito, 2002.

——. *Curso de direito processual civil*. 41. ed. Rio de Janeiro: Forense, V. I., 2004.

——. Coisa julgada – juros moratórios – execução de sentença – alteração superveniente da taxa legal do juros moratórios – regime revisional próprio das sentenças determinativas (CPC, artigo 471, I). In: *Revista Magister de Direito Civil e Processual Civil*, n. 32, Set.-Out./2009.

TOMÉ, Maria João Romão Carreiro Vaz. O direito à pensão de reforma enquanto bem comum do casal. In: STVDIA *IVRIDICA*. *Boletim da Faculdade de Direito*. Coimbra, Portugal: Coimbra Editora, n. 27.

WALD, Arnoldo. (coord.). *Aspectos polêmicos da ação civil pública*. São Paulo: Saraiva, 2003.

WAMBIER, Luiz Rodrigues (coord.). *Curso avançados de processo civil*. Teoria Geral do Processo e Processo de Conhecimento. 7. ed. São Paulo: RT, 2005.

WAMBIER, Teresa Arruda Alvim. *Nulidades do processo e da sentença*. 6. ed. São Paulo: RT, 2007.

——. Litispendência em ações coletivas. *Revista AJURIS*. Porto Alegre, n. 106, jun/2007.

——; MEDINA, José Miguel Garcia. *O dogma da coisa julgada: hipóteses de relativização*. São Paulo: RT, 2003.

WELTER, Belmiro Pedro; MADALENO, Rolf Hanssen. (coord.). *Direitos fundamentais do direito de família*. Porto Alegre: Livraria do Advogado, 2004.

ZAVASCKI, Teori Albino. *Coisa julgada em matéria constitucional: eficácia das sentenças nas relações jurídicas de trato continuado*. Disponível em <http://www.abdpc.org.br/abdpc/artigos/Teori%20Zavascki%20-%20formatado.pdf>. Acesso em 30 nov. 2011.

——. *Processo Coletivo*: Tutela de direitos coletivos e tutela coletiva de direitos. 4. ed. São Paulo: Revista dos Tribunais, 2009.

——. ——. 3. ed. rev., atual. e ampl. São Paulo: Revista dos Tribunais, 2007.

Impressão:
Evangraf
Rua Waldomiro Schapke, 77 - POA/RS
Fone: (51) 3336.2466 - (51) 3336.0422
E-mail: evangraf.adm@terra.com.br